THE HANDY PHILOSOPHY
ANSWER BOOK

💬 机敏问答

哲学的轨迹：
从古希腊到中世纪

[美]内奥米·扎克 著
李哲 高见 等 译

上海科学技术文献出版社

图书在版编目（CIP）数据

哲学的轨迹：从古希腊到中世纪 /（美）内奥米·扎克著；李哲等译. —上海：上海科学技术文献出版社，2025. —（机敏问答）. —ISBN 978-7-5439-9321-1

Ⅰ. B-49

中国国家版本馆CIP数据核字第202445AD81号

THE HANDY PHILOSOPHY ANSWER BOOK, 2nd Edition by Naomi Zack
Copyright © 2010 by Visible Ink Press®
Published by arrangement with Visible Ink Press c/o Nordlyset Literary Agency through BARDON CHINESE CREATIVE AGENCY LIMITED
Simplified Chinese translation copyright © 2025
by Shanghai Scientific & Technological Literature Press
ALL RIGHTS RESERVED

版权所有，翻印必究

图字：09-2024-0810

责任编辑：姚紫薇
封面设计：留白文化

哲学的轨迹：从古希腊到中世纪
ZHEXUE DE GUIJI: CONG GUXILA DAO ZHONGSHIJI
[美]内奥米·扎克 著 李哲 高见 等译
出版发行：上海科学技术文献出版社
地　　址：上海市淮海中路1329号4楼
邮政编码：200031
经　　销：全国新华书店
印　　刷：商务印书馆上海印刷有限公司
开　　本：787mm×1092mm　1/16
印　　张：10.25
字　　数：180 000
版　　次：2025年4月第1版　2025年4月第1次印刷
书　　号：ISBN 978-7-5439-9321-1
定　　价：38.00元
http://www.sstlp.com

前　言

我们究竟知道什么？什么是真实的？生命是否有意义？人们有自由意志吗？这些只是哲学问题的几个例子。除了这些问题之外，人们还会提出大量类似的问题。这些问题被称为"哲学问题"。人们无法彻底回答这些问题，它们甚至已经困扰哲学家三百多年了。要提出这些问题，你不必非得是哲学家——尽管你在阅读这本书时，可能会觉得自己颇像一位哲学家。

本书中有大量关于从古希腊到中世纪的哲学家及其思想的条目。每个条目都以一个关于哲学家、学派或时代的问题开始，这个问题揭示了其重要性所在，紧接着问题的是作者的回答，这也是对整个章节内容的概述。每个条目之下的内容部分以核心问题开始，回答问题之后，会提出更加深入的问题，并提供解答。你可以单独阅读每个提问和回答，也可以将它们视为大框架的一部分。

哲学在很大程度上可以看作哲学家所提出的观点。虽然哲学家之间争论不断，但是他们对于彼此的权威观点还是非常尊重的。

本书使用方法灵活。你如果想了解早期哲学的进程，那么可以按照章节的顺序进行阅读；你如果只对某一时代或者某一思想流派感兴趣，则可以只读对应的章节；你如果对整本书的内容感兴趣，想要把它作为研究早期哲学的入门读物，或者用来更新已有的哲学知识，那么就应该从头到尾通读本书（至少完整读一遍），然后再选择感兴趣的内容继续深入阅读。

你如果真的了解了上述内容（也就是说，如果哲学真的很吸引你的话），你可以更加深入地学习哲学。如果你是中学生，你可以选择一门哲学课程。如果你以后要继续深造的话，你可以在所在的大学选修一门哲学课程。哲学在很大程度上需要进行面对面的讨论，所以一定要找合适的场合和同样爱好哲学的人一起交流。如果不方便参加哲学课程，那么可以加入当地某个定期活动的哲学俱乐部，或者到互联网上找一个类似的俱乐部。

目录

前言	001
第1章 哲学的基本问题	001
第2章 古代哲学	009
第3章 从新柏拉图主义到文艺复兴	049
第4章 怀疑论和自然哲学	080
第5章 早期现代哲学	118

第 1 章 哲学的基本问题

 哲学是什么？

哲学是一种寻求智慧的活动。在西方哲学的发源地古希腊，"哲学"两个字意味着"爱智慧"。人们通过探寻智慧的意义来热爱智慧。人类有许多探索智慧的方式，包括艺术、宗教、生活经历等。哲学的独特之处在于它通过系统地运用理性的方式来寻求智慧。

哲学家重视思想、思想的意义及信仰，并通过分析来进行强调。他们把这些内容分解成不同的部分，然后再以理性的方式把不同部分重新组合起来。除了分析，哲学家们还对头脑中的想法，以及世界上发生的事情进行反思，他们通过对思想或者经验的整体结构产生直觉来寻求智慧。

 哲学起源于何时？

在西方，科学意义上的哲学，即关于自然和人类世界的总体抽象思想，始于公元前7世纪的古希腊。当时所谓的前苏格拉底哲学家们开始探索地球和宇宙，其中很多人直到苏格拉底时代仍然很活跃。在前苏格拉底和苏格拉底时代，诡辩家们首先注意到了人类社会——尽管诡辩家们所采用的一些方法具有一定的对抗性，甚至有些方法不够道德。诡辩家们相互争论，并不理会他们所争辩内容的真实性或者合理性。公元前5世纪，苏格拉底倡导哲学活动。公元前4世纪，苏格拉底的学生柏拉图以书写对话的形式宣扬了苏格拉底的思想，此时真正人文主义意义上的哲学才建立起来。自然世界和人类社会两大主题始终是哲学家们关注的焦点，后来，自然科学和社会科学作为独立学科从哲学中分离了出来。这些学科也是日常生活中的永恒主题。

哲学有何用处?

人类社会存在一些重要的问题,人们无法以观察的方式来回答,哲学就成为解决这些问题的一种方式。比如,哲学力求回答这样一些问题:"一艘只能安全承载6个人的船上坐着10个人,人们正确的做法是什么?""生活的意义是什么?""我们是否能够证明上帝存在或者不存在?"

哲学与其他知识探索有何不同?

一般来说,哲学家所探求的智慧是对一些问题的回答,然而这些问题并不是依靠显微镜、望远镜、研究或者测量来回答的。这些问题只有通过头脑的思考才能得出答案。比如,社会学家可能会研究人们信仰什么,但是哲学家则研究人们是否可以利用真实的东西来证明这些信仰是正确的或者合理的。

由于哲学问题不能够依靠事实来进行回答,所以问题的答案一般来说只是一种观点。但是这些观点很特别,因为人们总是能够找到相应的理由来支持这些观点。但是,许多哲学活动仍然只是哲学家之间的对话。哲学家们几乎从来不会同意彼此的观点——正是因为这一点,很多人才觉得哲学有趣。

哲学为什么重要?

对自然世界的哲学研究衍生出了现代的自然科学,包括物理学、天文学、地理学、生物学、化学等。对人类社会的哲学研究衍生出了诸如心理学、历史学、政治学、人类学、语言学及认知科学等社会科学。当然,许多关于世界的理论思想仍然作为形而上学的观点存在于哲学范畴之内,很多人类问题只在哲学领域探讨,哲学仍然是人文学科的一部分。这些人类问题是不同文化、不同生活中的共同话题。

哲学仅讨论生命和宇宙之类的大问题吗?

哲学所涉及的问题并不都是重要的问题。对于不从事哲学工作的人来说,有些问题看起来可能很荒唐。例如,思想是如何与身体联系起来的?大部分人都知道,在没有瘫痪的情况下，举起右手是世界上最简单不过的事情——我们只要想举起右手，就能举起来。但是从 17 世纪的哲学家勒内·笛卡儿（René Descartes）的研究开始，哲学家们就一直饶有兴致地争论怎样才能正确地描述人的思想和身体之间的联系。

孩提时代，我们总是问大人们一些关于世界和宇宙本质的问题。成为大人后，我们中的许多人似乎对此失去了兴趣，而哲学家们一直在努力研究并试图回答这些有关生命意义的问题。（图片来源：iStock 图像）

 西方哲学的两大主题是什么？

西方哲学一直有两大主题：自然世界和人类社会。自然世界包括大自然、物理存在及宇宙。人类社会包括人类及人类的价值观、经验、思想、道德、社会、政府、文化和人的本性。

哲学当然存在于所有文化和日常生活中，但是西方哲学是一种独特的思维方式，这种思维方式包含西方哲学家所认为的对自然和人类社会重要的一些假设和概括。西方哲学家并不像历史学家那样专注于人类起源的故事或者历史事件，也不像传记作家那样专注于个人生活。哲学家会从总体上抽象地考察事件和生活，从而告诉我们某一类别或种类的事件，以及生活的实际情况。

哲学和日常生活有什么联系？

每个人可能都曾经想过这样一些关于普遍事物的难以回答的问题："生活是否还有更高的目标？""死亡以后是否还有生命？""人生中最重要的事情是什么？""我有自由意志吗？"不管父母们是否意识到了，小孩子很自然地都会问父母一些需要从哲学角度回答的问题。

上帝在哪里？

哲学家把上帝看作是自然世界或者人类社会的一部分；或者认为上帝同时存在于两者中，或者两者中都不存在。

 宗教和哲学之间存在怎样的关系？

宗教和哲学都讨论上帝的问题，但是哲学并不像宗教那样专门只讨论上帝。哲学更倾向于讨论宗教中的"思想"。各种文化中宗教思想的范围和力量不同，哲学家都在不同程度上与神学有关联。比如，虽然在中世纪时期天主教会是主要机构，但是托马斯·阿奎那（Thomas Aquinas）等哲学家主要研究与上帝有关的问题。

古希腊哲学家不太热衷于宗教研究，他们后来被称为"异教徒"。在18世纪的启蒙时期，大部分哲学研究都不是宗教性的探讨，而是世俗性的。哲学的这种世俗性在一定程度上受到了大卫·休谟（David Hume）质疑宗教实践和上帝存在的著述的影响。后来，19世纪和20世纪的哲学家把该领域演变成不要求宗教参与的世俗研究。

 哲学有哪些分支？

哲学的众多分支包括：

伦理学：研究在面对关于幸福或伤害的问题时，人们应该怎样做。

科学哲学：回答科学是什么，科学如何发展，科学真理的性质等问题。

社会和政治哲学：解释社会和政府的运作方式、目的，社会和政府成为社会机构的原因，以及探究如何处理社会和政府问题。

认识论：回答什么是知识，如何判断某事正确与否，感官感知和抽象真理之间是什么关系等问题。

形而上学：回答现实的本质，什么是物质，各种不同事物之间的关系，思想与世界之间的关系等最普遍的问题。

心灵哲学：研究意识的形成和作用，它是否依赖大脑，它如何与身体相联系，记忆和个人身份的本质。

美学：研究艺术，探索什么是美，艺术作品如何不同于自然世界和其他人造物品等。

古代哲学：公元前800年至公元前400年左右是西方哲学的诞生时期，古代哲学主要涉及基督教之前的古希腊和古罗马的思想。

中世纪哲学：研究公元前400年至公元1300年欧洲文艺复兴时期哲学思想的发展。文艺复兴以前，基督教提供了主导世界观和日常生活的组织准则。

现代哲学：研究17世纪至18世纪之间当代哲学的起源与发展。

19世纪哲学：现代哲学的"经典时期"，在此期间，格奥尔格·威廉·弗里德里希·黑格尔（Georg Wilhelm Friedrich Hegel）、伊曼纽尔·康德（Immanuel Kant）、约翰·斯图亚特·密尔（John Stuart Mill）著书立说。

分析哲学：专业哲学的一种，非常抽象而且技术性强，发展于20世纪。

后现代哲学：20世纪后半叶的一种思想流派，包括几个世纪以来哲学家们对一些共同关心的问题所做出的假设及回应。

不同分支的哲学家之间会互相合作并和睦相处吗？

后现代主义之后，许多哲学分支内部发生了进一步的分裂，对欧陆哲学（源自法国和德国）的兴趣使人们接触到了存在主义、现象学、结构主义。学术哲学家们开始忙于本文化领域内部的争论。经验主义者或主流哲学家既要保卫他们的传统方法，又要建立起一些准则来反对那些以人类存在、经验及文化批评为中心的哲学研究。

 ## 哲学立刻导致了其他科学的出现吗？

不是。在17世纪末之前，自然科学还被称为"自然哲学"。19世纪以前，社会科学还不存在，当时人们只在哲学领域内研究社会科学。

哲学实践和哲学学科之间是什么关系？

哲学除了是一种活动之外，还像心理学、历史学、生物学、文学等一样是一门学科。当把哲学视为一门学科时，人们主要通过研究以往哲学家们的著作来研究哲学的历史。20世纪初，哲学主要是一门学术学科，有很多不同的分支。作为一种实践，学术哲学家的活动主要包括在大学授课和撰写学术著作。这些哲学著作为人们的哲学研究工作提供了大量的信息和内容。

 哲学是如何与其他学科相关联的？

哲学目前是大学人文学科中的一门科目。其主要目的是研究和发展学生的系统思维习惯，使学生能够识别并评价他们自己的生活选择，理解他们所生存的社会。由于哲学在很大程度上关注思想、信仰和价值观，所以它很容易与现代文化批评中的文学联系在一起，也很容易和其他领域的分析性学科，例如医学伦理学、商业伦理学等结合在一起。由于哲学家在课程中增加了女性主义、环境问题、社会公平问题等内容，哲学与其他学科的联系就更加紧密了。

 某些科学的研究起源于哲学吗？

是的。17世纪末以前，自然科学一直被叫作"自然哲学"。在19世纪以前一直没有形成社会科学，所有的社会科学研究都是以哲学的名义进行的。许多科学是在哲学争论上发展起来的。西方科学始于公元前7世纪的前苏格拉底时代。那时的科学家是有历史记录以来第一批用理智而非神话来思考世界的人。很久以后，西方哲学才有了另外一种重要的思想来源——艾萨克·牛顿（Issac Newton）。牛顿从事当时被称为"自然哲学"的研究，但是直到今天，他一直被人们称为"物理学家"。

化学也起源于与牛顿同时代的罗伯特·波义耳（Robert Boyle）的哲学探索。20世纪早期，哲学家威廉·詹姆斯（William James）建立了心理学。20世纪中期，诺姆·乔姆斯基（Noam Chomsky）将哲学和语言学结合在一起，开创了认知科学。

在社会科学方面也存在同样的联系。政府的理念和政府的形式——现在属于政治学范畴——首先是由柏拉图、亚里士多德（Aristotle）、托马斯·阿奎那、托马斯·霍布斯（Thomas Hobbes）、约翰·洛克（John Locke）及约翰·斯图亚特·密尔等人提出的。

人们认为建立了共产主义和社会主义理论基础的卡尔·马克思（Karl Marx）也是借鉴和修改了黑格尔的思想。

第一位系统地研究历史的历史学家是乔瓦尼·巴蒂斯塔·维柯（Giovanni Battista Vico），他就是一位哲学家。首位社会学家奥古斯特·孔德（Auguste Comte）是一位实证主义哲学家。还有哲学家伊曼纽尔·康德，人们公认他为人类学的创始人。

在20世纪，社会运动从哲学家的研究中得到了很有价值的启示。比如，女权运动受到了西蒙娜·德·波伏娃（Simone de Beauvoir）的影响，民权运动受到了W. E. B. 杜波依斯（W. E. B. Du Bois）的影响，动物权益运动受到了彼得·辛格（Peter Singer）的影响，而环境保护运动则受到了阿尔内·内斯（Arne Naess）的影响，他提出了"深层生态学"的概念。

今天的科学——包括天文学、化学、物理学、心理学及其他科学——都有其哲学根源。（图片来源：iStock 图像）

哲学只是一门枯燥的学问吗？

绝对不是！很多哲学家是古怪的人，因此哲学史上也充满了奇闻轶事。

哲学仅仅是哲学家个人的信仰和理论吗?

不是。哲学是很宽泛的领域,甚至有点烦琐。可以进一步研究哲学家、哲学家所强调的主题、历史时期,甚至地点(如希腊、法国、德国、英国、中国、非洲、印度、美国)等。

 哲学领域是否有很大的进步?

哲学领域的进步体现在两个方面。首先,哲学研究反映了处在当时历史时期的人们所关注的焦点。比如,在17世纪,现代形式的国家开始形成,约翰·洛克、托马斯·霍布斯等哲学家撰写了关于现代民主政府的起源问题的文章。在20世纪,哲学家们开始讨论如何将伦理学应用于现代医药给人们带来新的选择这个问题上。其次,哲学发展的第二种方式是哲学思想随着时间的推移而发展。哲学的这种发展方式主要是以哲学家之间的对话实现的。哲学家可能会与历史上的前辈对话,也可能与同时代的其他哲学家对话。

 哲学家们从事什么工作?

从1940年开始,职业哲学家被聘为大学教师。他们还通过发表文章或者出版书籍的方式推动哲学学科的发展。

 现在,哲学与日常生活有关吗?

当然有关!哲学与我们的日常生活有很大关系。但是,根据读者的不同兴趣,哲学的某些部分可能与生活的关系更加紧密,某些部分也可能比其他部分更加抽象。

第2章 古代哲学

 哲学为什么起源于古希腊？

古希腊拥有悠久的民主文化传统，它鼓励个人思想的独立、对权威的质疑和同伴之间的争论。

古希腊航海、贸易和战争的本质有助于奴隶社会中的特权阶级去发展宏大的哲学思想。从前苏格拉底时代的哲学家们开始，希腊哲学家就不仅仅是思想者，他们还是行动主义者、领导者和民权运动参与者。此外，希腊人崇尚战争并且赞扬人们在战斗中体现出的勇气和荣誉等美德。在礼貌的交谈中，他们也会毫不犹豫地提出不同的意见，这也有助于开展哲学争论。

 希腊智慧是什么？

尽管西方哲学家常常将古希腊视为他们所了解的哲学的发源地，但是其实古希腊人自己的智慧观念比哲学更加广阔。活跃于公元前650年至公元前620年之间的所谓"古希腊七贤"中，只有一位是哲学家——米利都的泰勒斯（Thales of Miletus），其他几位都是政治家或者人民领袖。古希腊七贤的名言包括：

- 米利都的泰勒斯："过分执着稳健只会带来灾难。"
- 雅典的梭伦（Solon of Athens）："避免极端。"
- 斯巴达的奇伦（Chilon of Sparta）："认识你自己。"
- 普里恩的毕阿斯（Bias of Priene）："人多手脚乱。"
- 林度斯的克莱俄布卢斯（Cleobulus of Lindos）："节制是无可挑剔的。"
- 米提利尼的庇塔库斯（Pittacus of Mytilene）："紧抓时机。"

- 科林斯的佩里安德（Periander of Corinth）："事事都应从长远考虑。"

前苏格拉底时代的希腊哲学

 前苏格拉底时代的哲学家都有谁？

前苏格拉底哲学家（苏格拉底时代之前的哲学家）指的是远离古希腊文化中心雅典的一个偏僻小岛上的希腊城邦的哲学家。在整个西方文明时期，他们的思想在希腊学者中广泛传播。按照时间顺序，前苏格拉底哲学家主要包括：泰勒斯、阿那克西曼德（Anaximander）、阿那克西米尼（Anaximenes）、毕达哥拉斯（Pythagoras）、赫拉克利特（Heraclitus）、阿那克萨哥拉（Anaxagoras）、巴门尼德（Parmenides）、埃利亚的芝诺（Zeno of Elea）、恩培多克勒（Empedocles）、留基伯（Leucippus）、德谟克利特（Democritus）。他们都受过良好的教育，并且有充足的时间去思考一些深刻的问题。

亚里士多德的学生狄奥弗拉斯特（Theophrastus）的著作帮助哲学家了解了前苏格拉底时代。（图片来源：iStock 图像）

 前苏格拉底时代的主要著作有哪些？

前苏格拉底时代没有任何完整的文字记录流传下来，关于当时哲学家们的生平，我们也所知甚少。我们仅仅是从其他哲学家那里才得知前苏格拉底时代的哲学情况。然而赫拉克利特的著作已经残缺不全，恩培多克勒的著作仅剩下了 450 行。由于我们没有一手资料，所以无从得知前苏格拉底时代的哲学家的思想在多大程度上已经被诠释者曲解了。

前苏格拉底时代的主要思想是什么？

泰勒斯、阿那克西曼德和阿那克西米尼均来自米利都，他们认为自然世界由某一种物质构成，比如水、"无限物质"或者空气。（所谓"无限物质"，可能是我们所认为的无穷尽的物质之类的东西。）毕达哥拉斯认为一切都是由数字构成的，但这并不意味着像我们可能认为的那样，一切事物都建立在数学的基础上。毕达哥拉斯认为数字本身就是真实的事物，存在于所有其他存在物之中。赫拉克利特认为世界和世界中的物质是不断变化着的，他指出这种变化比构成世界的物质更加重要。相反，巴门尼德认为变化需要物质从不存在状态变为存在状态，因为这个原因，他认为变化是不可能或者不真实的。赫拉克利特和其他米利都学派哲学家认为，构成世界的真正的物质不能发生变化。恩培多克勒在这个理论基础上，提出了4种基本物质：水、土、火、气。但阿那克萨哥拉认为世界上远不止这4种元素，其数量可能无穷。德谟克利特则认为一切都是由原子构成的。

 前苏格拉底哲学思想有何创新之处？

前苏格拉底哲学家试图对自然现象和事件进行自然解释，而不是依赖对神的行为的神话性描述来解释我们存在的本质。正是由于这种方法，前苏格拉底哲学家们可以被称为第一批西方科学家——尽管他们的很多思想在科学发达的今天听起来很离奇。

 前苏格拉底哲学家之间的对话展示出了他们怎样的哲学思想？

前苏格拉底哲学家的哲学可以看作是一段庞大的思想对话。如果从时间上看，我们可以看出这些哲学家思想发展的历史脉络，而且可以看出他们的思想在不断地进步。由于每一代学生都会认真研读并评论其师长及反对者的思想，所以每一代人都会发展出自己的哲学模式。从前苏格拉底时代以来，哲学家们一直在思考前辈的思想，并且试图完善或者反对这些思想。

前苏格拉底哲学家及其思想

 作为西方哲学史上的首位哲学家，泰勒斯做出了怎样的贡献？

其实真正重要的并不是泰勒斯的思想，而是他那种敢于大胆地思考全部物质存在的精神。泰勒斯的家乡在米利都,这个地方与埃及有着紧密的联系。像埃及人一样,泰勒斯认为地球是浮在水面上的,因此水或水汽是世界的基本物质。亚里士多德认为泰勒斯受到了生活中对人们至关重要的水的深刻影响。事实上,泰勒斯似乎认为生命是神圣的,存在于宇宙的各个角落。据说,泰勒斯曾说:"万物皆有神在。"泰勒斯最著名的思想是他认为水的运动和质量可以用来解释生物的行为及自然事件。因此,水的运动就是首要运动准则(首要运动准则负责规范一切事物的运动),而且水是宇宙中的首要物质。

 泰勒斯还有哪些其他成就?

泰勒斯曾经去过美索不达米亚和埃及,研究过天文学。他曾经预测出公元前585年吕底亚人和波斯人进行战斗期间将发生日食。传说他改变了哈利斯河(现称克孜勒河)的流向,克里萨斯国王(King Croesus)因此能够跨越这条河流。据说泰勒斯能够测量金字塔的高度、大海的距离。他在工程学方面的应用研究帮助他发现了一些几何学定律。人们对泰勒斯的智慧给予了高度评价。

泰勒斯有哪些传闻?

在哲学之外的实际生活中,泰勒斯是很精明的。在某个大旱之年,泰勒斯预计第二年的雨水会很好,于是买下了所有的榨油机。据说,第二年他果然大赚了一笔。因为橄榄大批收获的时候,只有他能榨油。还有人说泰勒斯在观看体育赛事的时候死于脱水,当然这是种讽刺。

柏拉图的《泰阿泰德篇》(*Theatetus*)记叙了苏格拉底的这样一段描述:"聪明的色雷斯女佣嘲笑泰勒斯,因为他在仰望星空的时候掉进了井里。女佣说泰勒斯急于知道天上的事情而忽略了自己的脚下。"苏格拉底接着说:"这个玩笑适用于所有的哲学家。哲学家可能根本不知道他隔壁的邻居是谁。他一无所知,既不知道他在做什么,也不知道他自己究竟是人还是动物。他追寻的,是人的本质。"

 阿那克西曼德如何试图修订泰勒斯的哲学?

阿那克西曼德对热和干燥的概念很感兴趣,他认为这和泰勒斯关于又凉又湿的水的想法相抵触。阿那克西曼德推测水不可能是产生其他物质的首要物质,因为首要物质必须能够产生所有其他物质。因为水凉而潮湿，所以它不能产生热而干燥的物质。因此，阿那克西曼德认为，首要物质既不是水，也不是热而干燥的物质。

阿那克西曼德把自己提出的这种不能被感知的首要物质——只有冷而潮湿或者热而干燥的物质才能够被感知——叫作"无限物质"，它是一种永恒的物质，能够导致其他事物发生变化，但是自己本身并不变化。换句话说，"无限物质"不能被感知，但是它是所有热而干燥、冷而潮湿，以及所有变化物质的本源——它是世界上所有可以被感知而且确实被我们感知的事物的本源。

在阿那克西曼德看来，我们通过包围着地球的冷而潮湿的孔洞而看见太阳、月亮和星星。在地球上，潮湿和干旱的物质形成了海洋和土地，而生物则是太阳作用于水汽的产物。在他看来，所有生命起源于海洋，这种思想和后来的进化论刚好吻合。

阿那克西米尼对阿那克西曼德的理论进行了怎样的修改？

阿那克西米尼也是泰勒斯创建的爱奥尼亚学派（Ionian School）的一员，他追寻阿那克西曼德的思想，认为宇宙的首要物质是气。气本身可以由热变冷，又可以由冷变热。因此，如果把气看作首要物质，那么就不需要再去解释首要物质是如何产生各种不同的可感知的事物了。气既可以膨胀又可以压缩：膨胀的气称为火；压缩的气称为风、云、水、土、石等密度高一些的物质。很多宗教传统（包括印度瑜伽）把生命本身视为呼吸。古希腊人很早就有这种想法，可以追溯到公元前8世纪。阿那克西米尼是第一位正式表达这种思想的人。

为什么毕达哥拉斯很重要？

人们认为是毕达哥拉斯创造了"哲学"这个词。毕达哥拉斯出生于萨摩斯岛，但却定居在克罗顿。他在克罗顿建立了一个协会，那同时也是一所学校、一种生活方式、一套哲学和政治信仰。毕达哥拉斯发现七弦琴上四根固定的弦所标示的音程，可以用数字1、2、3、4的比率来表示。这一重要发现构成了音乐和声概念的基础。毕达哥拉斯进一步解释数字是如何与天体运动等自然现象相呼应的。毕达哥拉斯对数学的这种洞察影响深远，数学已经成为现代物理学的核心语言。

毕达哥拉斯和他的追随者们还对数字命理学和有关数字神秘意义的理论很感兴趣。他们认为音乐是数字的灵魂体现，而且认为合适的行为——如日常习惯、饮食、演奏乐

谈到毕达哥拉斯，大部分人都会想到他在数学方面的贡献，但是很少有人知道他的思想在哲学界也很重要。（图片来源：iStock 图像）

器等——能够使人们聆听到来自天际的音乐。他们都是坚定的素食主义者，并且不吃蚕豆。

 为什么赫拉克利特反对毕达哥拉斯关于生命本质的看法？

赫拉克利特认为生命的本质是各种相对的事物之间无休止的斗争。理性是永恒不变的，它是宇宙中理智的支配性原则，以火的形式出现，等同于灵魂或者生命。在理性内部，个人的努力会带来不断的变化。

 为什么赫拉克利特到现在仍然很知名？

"人不能两次踏入同一条河流。"这句话正是出自赫拉克利特。他的意思是说，人生和境遇就像河流一样，处在不断的变化之中。

赫拉克利特认为生命的本质是各种相对的事物之间无休止的斗争。（图片来源：艺术文献库）

 巴门尼德及其埃利亚学派的主要思想是什么？

埃利亚的巴门尼德及他的两个学生——埃利亚的芝诺和萨摩斯岛的麦里梭（Mellisus of Samos）创建了埃利亚学派。巴门尼德认为应该把一切事物的最终首要物质，同我们所感知的、由许多不同事物组成的现实结合起来。他认为现实是没有差别的整体，它静止不动，也不会变化。巴门尼德否认变化，也否认人类常常经历的仅仅是表象或者幻想的许多不同事物。

 巴门尼德关于"一"或"存在"的推理具体是怎样的？

巴门尼德首先提出现实，即不变的存在，仅仅是一个整体或"一"（One）。因此，任何不同于此的都是不真实的，没有任何事物能够将"一"分开。从定义就可以看出，

"一"不能移动也不变化。因为只有"一"是真实的，所以我们所感知的运动和变化的事物都是不真实的。

巴门尼德的学生芝诺告诉人们，如果认为事物是变化的、运动的，将导致谬误。他以此来证明"一"的思想是正确的。芝诺因为提出悖论而闻名于世。麦里梭补充认为"一"是无限的，并且坚持认为存在空洞空间。

为什么毕达哥拉斯学派不吃蚕豆？

人们提出了很多原因来解释为什么毕达哥拉斯学派的人不吃蚕豆。有的说蚕豆中有死者的灵魂；有的说因为蚕豆的外形和人类的胚胎相似，所以吃蚕豆就像是同类相食；有的说蚕豆形似睾丸或者地狱之门；有的说蚕豆会引发寡头政治或者富人统治，因为人们通常用蚕豆来抽签；还有的说蚕豆会使人丢失一部分灵魂，因为吃蚕豆使人排气。

在人们发现美洲之前，蚕豆是欧洲唯一的豆类食品。现代研究表明，地中海地区的人民普遍缺乏葡萄糖-6-磷酸脱氢酶。在缺少这种酶的人中，有五分之一会因食用蚕豆引发肾脏损伤。但另一方面，嫩蚕豆含有左旋多巴，适量摄入这种物质可以有效治疗帕金森病。

 巴门尼德之后的哲学家是如何看待表象的本质的？

柏拉图之前的很多哲学家都试图驳斥巴门尼德关于唯一真实的是不变化的"一"这一观点，支持我们日常生活中的变化和运动。巴门尼德之后的这些哲学家试图确立事物是运动及变化着的这一事实。也就是说，他们重塑常识，反驳巴门尼德的说法。巴门尼德说我们认为的真实事物其实并不真实，因为它们不是"一"。柏拉图以巴门尼德的思想为基础，更加详细地区分了表象与未被感知的现实。只是在柏拉图看来，未被感知的"一"可能有很多。但是亚里士多德认为表象是真实的，这就为常识和表象的真实性提供了强有力的辩护。

 前苏格拉底哲学家们对巴门尼德的一元论持怎样的态度？

巴门尼德以后的一些哲学家认为巴门尼德把事情过于简化了，他们对现实的本质提出了更为复杂的解释。虽然他们的尝试并不总能说服同时代的人，但是在哲学史上，他们得到了后人很高的评价。

芝诺悖论是什么？

直到今天，芝诺悖论仍然对数学家和哲学家具有很大的吸引力。芝诺关于运动的悖论适用于任何一种距离。芝诺的悖论提出，在你穿过一个房间之前，你必须得穿过一半（1/2）的距离。但是在此之前，必须跨越这个一半距离的一半（1/4）。在这之前，必须跨越这个距离的一半（1/8）。以此类推，跨越的任何距离都可以无限地被等分，所以任何物体永远也不可能从一处运动到另一处。

芝诺提出的关于阿基里斯（Achilles）与乌龟的赛跑悖论，与上一个悖论稍有不同。假设阿基里斯和乌龟赛跑时，让乌龟在前。在阿基里斯追上乌龟之前，他必须首先到达乌龟的起点。但是由于乌龟在不断地沿着自己的起点向前移动，所以阿基斯里永远无法追上乌龟。

 ### 恩培多克勒提出的"四元素"指什么？

西西里岛的诗人、哲学家恩培多克勒提出了四元素理论，即火、气、水和土是构成所有其他物质的基本元素。像猫、河流这样的普通事物只不过是这些元素的临时组合。使这些元素运动的成分是爱和冲突。爱使这些元素结合，冲突使它们分离。

 ### 阿那克萨哥拉是怎样论述思想的？

阿那克萨哥拉认为运动的首要原因是思想，这不同于其他任何元素。思想可以创造出一个旋涡，其他物质可以从这个旋涡中分析出来，思想就是以这样的方式创造了世界上的事物。

意大利艺术家卢卡·西诺莱利（Luca Signorelli）描绘的恩培多克勒。（图片来源：艺术文献库）

第一个提出原子概念的人是谁？

德谟克利特是留基伯的学生，他反对巴门尼德和芝诺的观点。他认为空洞的空间是真实的，该空间由大量不可分割的物质构成。他把这些物质叫作原子。原子在无限的空间内运动。原子之间会发生碰撞，它们的运动会产生旋涡。不同的物质从旋涡之中产生。我们唯一能够感知到的就是大小和形状，因为原子具有大小和形状，而我们感知的其他物质都是幻象。德谟克利特是现代原子论的先驱。

1967年希腊币100德拉克马面额上的德谟克利特画像。（图片来源：大图片文献库）

诡 辩 家

 诡辩家都有谁？

在公元前5世纪和公元前4世纪早期的希腊，诡辩家（亦称智者）的出现有助于解决日益增加的诉讼和教育问题。这些诡辩家不仅是专业的律师，还是能够自立门户的教练，他们公开宣传要教希腊人怎样在公共和私人生活中获得成功，并收取费用。他们四

> **主要的诡辩家有哪些人？**
>
> 与其他时期相比，公元前5世纪的希腊拥有数量最多的诡辩家，我们根据古代的二手材料得知，雅典的主要诡辩家包括：莱昂蒂尼的高尔吉亚（Gorgias of Leontini）、阿布德拉的普罗泰戈拉（Protagoras of Abdera）、伊利斯的希庇亚斯（Hippias of Elis）、凯阿岛的普罗迪科斯（Prodicus of Ceos）和特拉西马库斯（Thrasymachus）。

处巡游，其中一些人更是声名远扬。从思想上讲，诡辩家是实用主义者（在一般意义而非哲学意义上）和相对主义者的结合。在我们的时代，实用主义者指很实际的人，他们追求结果，而不迷信原则或者抽象的理论。相对主义者认为不存在绝对的真理或者普遍的价值，仅仅取决于个人的情况和愿望。

 为什么诡辩家在哲学上有重要意义？

诡辩家在古代的名声平平，甚至他们的继承者（尤其是柏拉图）对诡辩家在哲学方面的贡献也没有太高的评价，但是这种评价未必完全公正。与前苏格拉底哲学家们关注自然、非人类的世界不同，诡辩家关心的是人的本性和人类事物。因此，诡辩家算得上是西方哲学史上的第一批人文主义者。然而，我们必须意识到，诡辩家们的很多思想与柏拉图所珍视的经典永恒智慧并不相符，而目前我们所能看到的对诡辩家的描述则多出自柏拉图之手。

诡辩家们作为有知识的公众人物，不仅传播了很多既有的知识和智慧，还进行了一些原创性的改进。他们谈及的话题主要包括：语法、语言理论、伦理学、政治哲学和理念、宗教、关于神的思想、人类的本性和起源、文学批评、数学，还包括对前苏格拉底哲学家所讨论的自然世界的猜想。

 诡辩家的重要观点有哪些？

首先，诡辩家反对前苏格拉底哲学家的观点。前苏格拉底哲学家认为存在一种至高无上的现实，这个现实不同于我们在平常世界中所感知和经历的事物，但是却在一定程度上引发我们确实感知和经历的事物。诡辩家则高度重视人类世界，也就是20世纪哲学家尤尔根·哈贝马斯（Jürgen Habermas）所提出的著名的"生活世界"——尽管该概念实际上是由埃德蒙德·胡塞尔（Edmund Husserl）首次提出的。

诡辩家们认为美德是可以被教化的，这就意味着不管财富情况和社会阶层如何，任何人都可以进入政府。在这个意义上，诡辩家推动了希腊民主的发展。

诡辩家坚持认为道德信仰应该建立在理智的基础上，并能够通过理智的辩论得到检验。诡辩家对道德的理解是，人类本性常常与社会或传统相违背，而诡辩家则支持本性。

最后应该提及的一点是诡辩家开创了口述传统的先河，并将这个传统发扬光大，达到了无与伦比的境地。苏格拉底去世之后，没有任何一位哲学家或者一个哲学流派在口述领域能够与其相比。

普罗泰戈拉因何出名？

色雷斯阿布德拉城的普罗泰戈拉是声誉最高的诡辩家。柏拉图曾写道，普罗泰戈拉是第一位把自己视为诡辩家的诡辩家。他训练年轻人学习政治，而且与政治家伯里克利（Pericles）是朋友。伯里克利曾要求他为新阿布德拉城撰写宪章。普罗泰戈拉是一位多产的作家，主要作品包括《论真理》(On Truth)、《论神》(On the Gods)、《论相反论证》(Antilogic)等，遗憾的是，这些作品都未能流传至今。尽管如此，他的一句名言却永载史册："人是万物的尺度，人存在时万物存在，人不存在时则万物不存在。"

普罗泰戈拉否认灵魂是超越感知范畴的存在。他的相对主义思想是建立在不同人的不同感知经历的基础之上的。比如，在对温度的感知上，一个人可能觉得冷，另一个人可能会觉得热。他还把个人的相对主义推广到了更广泛的领域，他说："对于一个城市来说，只要某种行为或原则在该城市内被视为公正或正义，那么在它看起来公正的期间，它就是公正的。"

尽管普罗泰戈拉承认所有关于公正的感知和思想都有其真实性，但他仍然认为某些感知和思想相较于其他更为优越。他主张诡辩家的职责在于引导人们转变观念，以培育人们对公正与美的更高层次的认知。较好的感知会带来更好的结果。换言之，诡辩家们教他们的"客户"如何获得成功。

 ## 高尔吉亚如何论述思想和存在？

西西里岛莱昂蒂尼的高尔吉亚教授人们说服的艺术以获得政治上的成功。他流传至今的论文《论不存在与自然》(On Nature or the Non-Existent)认为没有任何事物是真实存在的。即使有事物可能存在，也不能够被人类认识；即使人类能够认识，也不能够通过交流告诉别人。我们虽然形成了对于某事物的想法，但是这并不意味着该事物存在。思考并不意味着所思考事物的存在，否则，人类将无法对某些虚构的事物进行思考，如人想象中的生物。换言之，我们想象的事物并不都真实存在。因此，高尔吉亚得出结论，存在物是不能被思考的。思想和物质之间的这种差别同样存在于语言和物质之间，以及不同人之间的思想交流中。

高尔吉亚关于存在物不能被思考的说法合理吗？

答案是否定的，他的推理存在问题。思考某事物不能够保证该事物是存在的，但这并不意味着我们所思考的事物全都是不存在的。

 希庇亚斯对学识的贡献是什么？

伊利斯的诡辩家希庇亚斯在旅行中赚了很多钱。他知识广博，会写诗、剧本、历史记录及演讲稿，还能够讨论文学、天文学、几何学、算术、艺术、伦理学、记忆术等内容。希庇亚斯在数学领域也取得了重要成就，他发现了用于等分角度的割圆曲线。他反对诡辩家关于隐藏现实的说法，倡导把自我满足看作是美德。也就是说，如果一个人想做一件事，但这件事被某些规则所禁止，那么他赞成人们应该打破这些规则去做这件事。

 普罗迪科斯告诉了人们什么？

凯阿岛的普罗迪科斯认为，恩培多克勒所提出的 4 种基本元素——土、气、火和水——是神圣的〔戏剧家阿里斯托芬（Aristophanes）曾经在著作《鸟》(*The Birds*) 中嘲笑了这一观点〕。普罗迪科斯还认为，对于人类来说，必要的东西都是神圣的。在古希腊，这种观点是非传统的宗教观点。

普罗迪科斯认为没有绝对的好与坏。对一个人来说好的东西，对另外的人来说却未必好，这是相对主义的观点。在普罗迪科斯对语言的论述中，他向人们展示了两个词可以有相同的意义。此外，他不同意德谟克利特的观点，德谟克利特认为同样的事物可以有不同的名称。

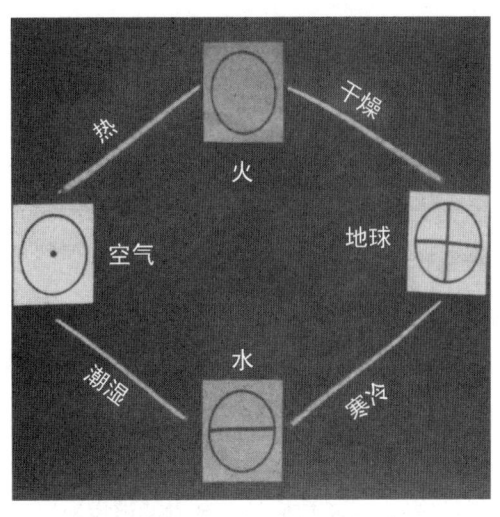

有些诡辩家认为世界由 4 种基本元素构成，其中还有些人认为这些元素是神圣的。（图片来源：iStock 图像）

 特拉西马库斯是怎样看待正义的？

比提尼亚的特拉西马库斯作为柏拉图的《理想国》(*Republic*) 中的人物而被人们知晓。在苏格拉底初步尝试给正义下定义的时候,他痛斥了特拉西马库斯。特拉西马库斯认为正义只不过是对当权者有益的东西,对于被统治者来说,正义毫无意义。在实际生活中,据说特拉西马库斯不仅在雅典很知名,而且还游历了整个希腊,并在希腊各地教书。他还为议会的一名议员写演讲稿。他支持希腊的统一,倡导政府应该提高效率。

普罗迪科斯靠什么谋生?

普罗迪科斯是一位诡辩家,也是他的家乡凯阿岛的大使。他广泛游历,并从讲学中赚了很多钱。他的一项专长是区分近义词。据柏拉图的《普罗泰戈拉篇》(*Protagoras*)和《美诺篇》(*Meno*)的记载,苏格拉底自称是普罗迪科斯的学生。普罗迪科斯的演讲有两种价格和标准:1德拉克马一场和50德拉克马一场。苏格拉底曾开玩笑说,如果他能够有钱去参加50德拉克马一场的演讲,他一定能更加博学。1德拉克马一场的演讲的听众要多得多,但是据亚里士多德说,普罗迪科斯有时会给这样的听众打个折——"把他们悄悄带进50德拉克马一场的演讲里"。若亚里士多德所讲确有其事,那么博学的评论家们可能忽略了一种可能性——发明了现代营销策略的正是诡辩家。

苏 格 拉 底

苏格拉底确有其人吗?

雅典的苏格拉底是一位真实的历史人物,不仅与柏拉图展开深入的对话,更是诡辩家言辞、辩论和对话的集大成者。但是在柏拉图后来所描述的对话中,苏格拉底更多作为其哲学思想的代言人出现。

虽然人们对于柏拉图所描述的哲学家苏格拉底在多大程度上包含着柏拉图本人杜撰的成分颇有争论,但是争论更大的还是苏格拉底一生中的一些关键史实。所有人都认为苏格拉底的一生实践着自己的原则,其中最著名的原则是"浑浑噩噩的生活不值得活下去"。苏格拉底的父亲索弗洛尼斯科(Sophroniscus)是一名石匠,母亲菲娜拉底(Phaenarete)是接生婆。苏格拉底常常把自己发表演说的哲学方式称为"接生婆式"。在柏拉图的《美诺篇》中,他借助接生婆这一角色,从一名奴隶男孩身上揭示出深刻的真理，以此来证明灵魂中存在着固有的思想，人在出生以前就从某个神圣之地获得了这种思想。

苏格拉底与雅典的将军、政治家、公正的雅里斯底德（Aristides）是朋友，雅里斯底德帮助苏格拉底与雅典的统治阶层一直保持着联系。在伯罗奔尼撒战争（公元前431—公元前404）中，苏格拉底是一名勇敢而称职的步兵。但是当他专心于哲学研究以后，他就陷入了贫困。在以后关于苏格拉底的记载中，他的妻子赞西比（Xantippe）被描述成一个性格刚烈的

一尊苏格拉底塑像耸立在希腊雅典学院。（图片来源：iStock 图像）

女性。尽管如此，苏格拉底很关心他的孩子，曾经委托朋友在他死后帮助他的孩子完成学业。

苏格拉底后来被判处死刑，据柏拉图的《申辩篇》（Apology）和色诺芬（Xenophon）的《申辩篇》（Apology）的记载，处死苏格拉底的理由是他"不信仰国家所信仰的神，还引入不同的神圣力量，腐化了年轻人"。苏格拉底自己喝下了毒酒，而没有听从朋友们的安排逃跑。如果逃跑，他将被终生流放。他拒绝逃跑因为他认为逃跑很不光彩，而且他一生都生活在雅典，遵守雅典的法律，不愿被流放。如果逃离雅典，躲避死亡，就意味着对他思想的背叛。苏格拉底说他丝毫不惧怕死亡，因为他对死亡一无所知。在他看来，如果没有来世，那么死亡就和睡觉一样；如果确有来世，那么来世他就能够在更高的层次上进行演说——那将是天堂。还有一种解释是说苏格拉底已经没有什么留恋的了——他已经人到暮年了。

 苏格拉底悖论指什么？

苏格拉底对一些看似与常识不符的说法进行了解释，例如：

悖论1：没有人想追求邪恶，但是很多人却有邪恶的目的或者会变得邪恶。这是因为那些追求邪恶的人并不知道他们所追求的事物是邪恶的，所以说，无知才是邪恶的根源。

悖论2：成为不公正的受害者要好于成为恶人的受害者。因为公正是首要的美德，也

是其他所有美德的共同特点。追求美德，找到幸福之路，是生命的主要目标。幸福是公正的结果，因此它是一种内在的事物，不受外部环境的影响。

 苏格拉底的讽刺指什么？

在实际生活和与柏拉图的对话中，苏格拉底喜欢以什么都不知道、什么都不了解的姿态出现，然后引导听众进行争论。虽然苏格拉底总说自己所知甚少，但是神谕说没有人比苏格拉底更聪明。（苏格拉底声称自己所知甚少这一件事就使得他高于其他人。）

苏格拉底会在对话开始的时候，赞美对方的才华或者美德。如果对方愿意和他交谈，那么接下来苏格拉底将提出一系列精心准备的问题。通过这样的盘问，结果将证明其实对方在其本应精通的领域一无所知。由于苏格拉底在开始就说自己所知甚少，所以他毫无损失。然而，与他对话的另一方不是受到羞辱，就是被人们视为江湖骗子。

 苏格拉底有哪些重要活动被人铭记？

虽然柏拉图在几乎所有对话中都引入了苏格拉底的形象，但是柏拉图早期的对话更加真实地展现了历史上的苏格拉底。苏格拉底本人没有留下任何文字作品。苏格拉底曾经与阿那克萨哥拉的学生亚斯老（Archelaus）一起研究自然哲学。但是当苏格拉底开始学习哲学的时候，他的主要兴趣却转向了伦理学。与大多数的雅典人不同的是，苏格拉底说他并不明白伦理学是如何从宗教中演化来的。

在柏拉图的《欧蒂弗罗篇》（Euthyphro）中，苏格拉底在通往审判的路上遇到了牧师欧蒂弗罗（Euthyphro），他问牧师虔诚是什么。欧蒂弗罗告诉他虔诚就是神喜欢的东西。苏格拉底接着问，是因为神喜欢才成为美德，还是因为虔诚是美德，所以神才会喜欢？如果因为神喜欢才成为美德，那么我们需要知道到底是哪位神喜欢它，因为众神的观点常常不一致。如果因为它是美德所以神喜欢，那么就应该有一个不受神支配的判断美德的标准。例如，在此事中，虔诚就是一个标准。这就意味着神本身并不是道德的源泉。欧蒂弗罗被问得哑口无言，只好溜走了。

在《申辩篇》中，苏格拉底使用辩证法嘲笑并激怒年轻的原告迈雷托（Meletus），而辩证法正是苏格拉底被起诉的原因。苏格拉底讲述了他是如何开始同艺术领域和政府方面的专家交谈以期获取智慧的。他发现尽管这些人出身高贵、财富丰厚、地位尊贵，但他们的知识却不如自己丰富。苏格拉底说，他一直在为雅典服务，开始的时候做一名士兵，后来做一名关心年轻人品德的市民。他声明自己信仰的是既有的神，否认引入过其他的神。

最终，450人的陪审团以30人的优势宣判苏格拉底有罪。苏格拉底除了面临死刑，还有其他的选择。自愿选择流放本可以是个合适的选择，但是苏格拉底宁愿选择在古希腊的城市公共会堂里接受免费食物度过余生，也不愿成为荣耀的战车车夫（战车车夫是战车冠军，他们享有很高的地位，被当作英雄，也有一些是运动员）。苏格拉底说，战车车夫只是让人感觉良好，但他却直接关心人们的幸福。他还答应交罚款，开始的时候同意交1迈纳（古代希腊等地的货币单位），后来在朋友的劝说下同意交30迈纳（对于死刑来说，这个数量仍然少得可怜）。法庭对于苏格拉底的辩护无动于衷，坚持判处其死刑。

在柏拉图《理想国》的序言中，苏格拉底阐述了这种乌托邦思想的起源。他在同一群朋友谈论正义的本质的时候，对此进行了论述。特拉西马库斯说，正义无非是为当权者服务。接下来，苏格拉底描述了正义者的心理状态，但是这并不能回答正义是什么这一问题。苏格拉底接着说，正义很难从个人身上得到阐述。但是如果把国家看作个人，那么就比较容易解释什么是国家的正义，从而也就更加容易回答什么是正义这个问题了。《理想国》本身就是柏拉图对正义之国的描述。

1876年的雕刻描绘了苏格拉底之死。他的罪名是不信仰神，以及"腐化青年"。（图片来源：iStock图像）

苏格拉底问答法指什么？

苏格拉底问答法包括两部分。首先，对某个难以回答的问题进行提问。其次，在给出答案后，再提出另一个问题，然后进行对话。苏格拉底经常向那些被认为很有智慧、很有能力的人提出尖锐的问题。如果他们的回答不尽如人意的话，苏格拉底就会问更多的问题。

一般来说，如果不是要愚弄受问者的话，苏格拉底的问答法就是学生和老师之间就某一话题进行不间断对话的一种方法。

 阿里斯托芬的喜剧《云》与苏格拉底有什么关系？

人们认为阿里斯托芬的喜剧《云》(The Clouds)是对苏格拉底和同时代学者的讽刺之作。在故事中，斯瑞西阿德（Strepsiades）是一个雅典人，他极其溺爱他的儿子菲利彼斯（Pheidippides）。可是他的儿子却使他债台高筑。喜剧演到这里时，苏格拉底悬在空中出现了，他要求斯瑞西阿德脱下菲利彼斯的衣服，并把他送进"智者苑"（Thinkery）。

接下来，苏格拉底讲述他的发现，比如跳蚤能够跳多远，怎样判断蠓虫是在吹口哨还是在放屁等。他坚持认为导致下雨的是旋涡，而不是宙斯。这部戏后面还有很多荒诞之处，比如苏格拉底从隔壁的摔跤学校偷东西喂给自己的学生吃，在关于新与老的争论中嘲讽听众等。最后，斯瑞西阿德的儿子，这个在智者苑接受过教育的孩子，告诉他的父亲，在道德层面上，殴打父母是正当行为。斯瑞西阿德大怒，放火烧了智者苑，并且打了苏格拉底和他的学生。

有人认为喜剧《云》导致了苏格拉底的丑闻和审判事件。但是据说该剧第一次演出后，苏格拉底还登台向观众挥手致意。据柏拉图《会饮篇》(Symposium)的记载，苏格拉底和阿里斯托芬还在一起友好地喝酒聊天呢。

柏 拉 图

 我们确切地知道柏拉图一生有哪些事情？

虽然柏拉图可能是西方哲学史上最有影响、最受尊敬的哲学家，无数的哲学巨著都来自他的思想，但是关于他的一生，人们确切知道的却很少。其中的一个原因是，在柏拉图时代，哲学家们的姓名往往不被记录在哲学著作中。然而，人们对于柏拉图一生的一些主要事件还是有些共识的。例如，人们普遍认为苏格拉底接受审判时，柏拉图就在场。在那以后的15～20年中，柏拉图开始了自己的哲学写作生涯。

柏拉图出身于一个没有政治问题的富有贵族家庭，他的家庭反对那些民主主义者。柏拉图开始的时候还设想自己会在政治上大有作为，但是在民主主义者当权，以及苏格拉底被处死之后，他就断然放弃了政治。

柏拉图参加了斯巴达战争，有传闻他加入了骑兵队伍。公元前380年，他到了埃及和西西里岛的锡拉库萨。他作为暴君老狄奥尼修斯（Dionysius）和他的儿子小狄奥尼修斯的客人，曾经3次到过锡拉库萨。虽然这父子两人对柏拉图提出的政治观点很感兴趣，但是对于柏拉图参与西西里政治，大家普遍认为结果是"灾难性的"。柏拉图一生未婚，他81岁去世时比较贫穷。

 柏拉图学院的情况如何？

公元前380年至公元前367年之间的某个时候，柏拉图在雅典创办了学院，他本人就住在那里。柏拉图学院为贵族子弟提供高等教育，它与艾索克拉底（Isocrates）的学校不同，后者正式进行诡辩家教育，教授政治和修辞，目的就是培养律师。但是柏拉图的学生却学习数学、天文学、哲学等科目。亚里士多德17岁的时候进入柏拉图学院，在他二十多岁的时候，学院新开设了修辞课。

罗马人雕刻的柏拉图雕像。罗马人崇拜希腊人，将希腊文明进行改革后融入到自己的文明中。（图片来源：iStock图像）

柏拉图学院可能是柏拉图与泰阿泰德（柏拉图以泰阿泰德的名字命名了一篇对话）和天文学家、数学家欧多克索斯（Eudoxus）共同创办的。课堂上，学生们在座位上坐好，并记笔记。一起上课的学生可能从来没有超过100人。人们也无处查证柏拉图是否亲自来此授课。

柏拉图提出的"形式"的形而上学论是什么？

柏拉图在哲学上的主要贡献就是他提出的"形式"的形而上学论。他主张存在一种神圣且不变的"形式"，这种"形式"通过思想被心灵所认识，能带来最美好的生活。"形式"，如同前苏格拉底哲学家所讲的首要物质一样，涉及人类所经历的一切事物，而且与人类、动物、自然物和人造物的存在和品质有关。事实上，整个存在世界就是由各种"形式"组成的，甚至包括抽象的思想领域，比如美丽、真实、正义等概念，都存在着"形式"。在柏拉图看来，"形式"是不变的、完美的、神圣的。人类所能够感知和思考的事物都是这些"形式"的体现，但是这种体现往往是不够完美的。因此，对柏拉图来说，关键是理解这些"形式"在头脑中的反映，而不是这些"形式"本身。

 柏拉图的著作有哪些？

柏拉图现存的著作历经半个世纪，展现了他优美、戏剧化和充满诗意的对话风格，这些作品被学者们按照年代进行了划分。其中，《申辩篇》、《查米德斯篇》（*Charmides*）、《克力同篇》（*Crito*）、《欧蒂弗罗篇》、《小希庇亚斯篇》（*Hippias Minor*）、《伊安篇》（*Ion*）、《拉凯斯篇》（*Laches*）、《普罗泰戈拉篇》被认为是柏拉图的早期作品。中期作品包括《斐多篇》（*Phaedo*）、《会饮篇》、《理想国》、《菲德洛斯篇》（*Phaedrus*）。后期作品包括《智者篇》（*Sophist*）、《政治家篇》（*Statemant*）及《斐利布篇》（*Philebus*）。《蒂迈欧篇》（*Timaeus*）属于柏拉图中晚期或者晚期的作品。他的书信按照从1—13的顺序排序，一直写到了生命的最后。但是只有第3、第7、第8和第13封书信毫无疑问是真迹。此外，他的遗书也是真迹。

值得注意的是，柏拉图时代还没有印刷术，在雅典也没有现代意义上的书店或者图书馆。因此，柏拉图的对话可能是通过口口相传的形式被人们所知。另外，柏拉图还可能假借苏格拉底来阐述自己的思想。

 柏拉图早期的对话主要论述什么？

柏拉图早期的对话多以辩论形式呈现，他巧妙地运用了苏格拉底问答法。在对话中，苏格拉底是核心人物，他擅长以提问的方式引导对话的深入。问题的提出和阐述非常清楚，但是最后的结论就不那么明确了。谈论的话题常常是道德问题，常常以虔诚、正义等话题开始，最后告诉大家人们对于这些问题的答案知道得实在太少了。

在《美诺篇》中，他告诉人们知识是内在于心灵中的。美诺是一个没受过教育的奴隶孩子，但是苏格拉底却通过一系列精妙的提问，从这个孩子身上发掘出了几何学知识。苏格拉底因此得出结论，知识并非后天学习得来的，而是早已潜藏于我们的内心，只是等待适当的时机被激活而已。

 柏拉图中期的作品讨论哪些问题？

柏拉图在《斐多篇》《理想国》《菲德洛斯篇》等作品中探讨了关于"永生"的思想。柏拉图认为，人死后，灵魂不会随着肉体而消亡。相反，灵魂会带着对生命的记忆进入"忘川"（忘却之河），然后这个灵魂会成为另一个人的灵魂，开始一段从出生到死的新的历程。

柏拉图在这几篇著作中，还阐述了他关于"形式"的观点。他首先在《斐多篇》中对"形式"进行了介绍，然后又进一步把"形式"描述为永恒的、不变的、不朽的内容。实际事物与"形式"之间是参与关系。比如说，某只猫之所以成为你的猫是因为它参与形成了猫的"形式"。你的猫可能会眯眼睛或者接毛线球，但是"标准形式"的猫是不包含这些特别情况的。柏拉图强调，并非只有好的或者中性的事物才有"形式"，所有的事物都有"形式"。也就是说，猫的视力不好及接毛线球都有自己所参与的"形式"。换句话说，既有包括所有猫特质的猫的"一般形式"，又有你所养的这只猫的具体体现。

 柏拉图在《理想国》中如何描述"正义之城"？

在《理想国》中，柏拉图提出了一种乌托邦式的生活方式，并将其"形式理论"推向了巅峰。为了理解个人的正义，他描述了一座正义之城。正义的首要政治原则就是正确分配劳动。这与他将人（或灵魂）划分为身体、情感和理智三部分的理念相呼应。（对于柏拉图来说，身体的经历属于纯表象的范畴。）就像人在理智占据主导的时候最高兴一样，理想的城市也应该由那些非常理智的人来统治，而这样的人就是哲学家出身的国王或女王。

统治阶层之下是守卫阶层，包括政治家和士兵等，这与个人的精神层面相对应。而最底层则是技工、仆人和农民，与人的肉体或欲望相对应。

为了保证统治者热爱并服务于城市，柏拉图建议废除家庭制度。在这样的社会结构中，男人和女人不再局限于传统的育儿角色。个人财产和传统的婚姻制度也变得不再必要。最聪明、最健康、最优秀的男女将会接受特别培训，他们饮食简单，居住朴素，并经常进行户外活动。

年轻的统治者从小就开始学习数学和哲学。由于诗人可能传播"谎言"，导致人们丧失虔诚之心，所以新的课程中将不再设置文学课。统治者35岁的时候，被派出去为社区服务15年，担任低级官员、警察、士兵等职务。50岁的时候，他们便已经准备好统治国家了。一些统治者愿意把余生都用来研究"形式"，而不愿做统治者。对于他们来说，回到统治地位是必要的（柏拉图及其后的很多人都认为，那些不愿意担任统治者的人才是统治者最合适的人选）。

柏拉图的洞穴假说是什么？

柏拉图在《理想国》中提出了洞穴假说，以此来说明"形式"经验的力量和重要性。柏拉图利用洞穴假说来解释唯心主义。设想在一个洞穴之中，一群囚徒被锁在墙壁之上，他们身后有一堆火把，他们唯一能够看到的就是火光投射出物体摇曳的影子。如果有囚犯被释放，他将首次看到身后的物体——他以前只能看见它们的影子。若他走出洞穴，想象一下，他在光天化日之下，看到这些以前只能看到影子的物体，以及世界上的其他事物的时候，他会多么惊讶。再想象一下，如果他试图把他所看见的一切讲述给监狱中的同伴的时候，那些人将作何反应。在这个假说中，洞穴象征着普通的存在和感知，而外面阳光下的事物则代表着"形式世界"。

 ### 柏拉图所谓的"线寓"指什么？

柏拉图所谓的"线寓"在《理想国》中通过苏格拉底之口得以阐述：

"假设一条线分为不等的两部分，然后按照相同的比例把这两部分分别再次分开。假设第一次分开后形成的两个部分中，一个部分相当于可见世界，另一个部分相当于可知世界。然后再比较第二次分成的部分，以确定清楚和不清楚的程度。这时你可以发现，可见世界区间内的第一部分可以代表影像。所谓影像，我指的最先是阴影，其次是在水里或者平滑固体上反射出来的影子或其余相似的东西。你懂我的意思吗？"

苏格拉底希望听众能够明白，他们通过肉眼所见到的事物远远不如通过"心灵之眼"所看到的或者理解的那样清晰和深入。

 随着柏拉图年龄的增长，他的哲学思想是否有变化？

柏拉图上了年纪以后，他的观点变得越来越保守，也更加重视现存的社会价值观和传统。《理想国》中的城市需要革命才能建立，但是在他后来所写的《法律篇》（*Laws*）中，柏拉图变得不再那么激进。他描述了一个相对较好的城市，在那里传统家庭仍然存在，人们还是选举传统的统治者，不必特别造就新的统治者。

在《巴门尼德篇》（*Parmenides*）中，柏拉图对他早期提出的"形式理论"提出了一系列的批评。这些关于"形式"的问题，他显然已经无力回答，而后来亚里士多德进一步发扬了这些理论。柏拉图在此引入了著名的"第三人论证"来揭示其"形式理论"的内在困境。假设我们发现了某种"形式"，它能够解释相似之物为何会相似。比如，所有的猫都不同，但是所有的猫又都具有"猫"这种"形式"的共同特性。如果我们把这种普遍"形式"和某个具有这种"形式"的别的事物相比较——比如把你家的猫和"猫"的普遍"形式"相比——普遍"形式"和具有该"形式"的事物就必然能够构成"第二形式"。如果我们继续把某只猫和"第二形式"相比较，就能够构成"第三形式"，以此类推，似乎无穷无尽。这就是说，柏拉图已经认识到了自己的"形式"理论存在缺陷。

 柏拉图是否改变了关于"形式"的哲学理论？

在柏拉图的后期作品《斐利布篇》中，柏拉图没有把美好生活等同于对"形式"的思考。柏拉图承认，快乐似乎是美好世界的重要内容。他接下来解释，美好生活包括比例、美丽和真实。柏拉图强调，知识比快乐更重要，因为知识更加接近比例、美丽和真实三要素。这是柏拉图关于美好生活的一种新的、更加实际的解释。这种理论告诉人们，最好的人类生活是享受实际事物的生活，而不是花费一生来思考"形式"。

 柏拉图是怎样看待爱的？

柏拉图对于爱有着双重理解，其中一种被誉为"柏拉图式的爱情"。在《菲德洛斯篇》中，他描绘了一个成年男子和一个俊美少年之间感情的发展过程。男子对俊美少年的爱发展成为对美的博爱。这种对美的博爱进一步发展成为对法律中美的爱，继而发展成对思想中美的爱,也就是对美的形式的爱(应该提及一点,古希腊社会高度推崇俊美少年和年长的智者之间的亲密关系,即我们今天所谓的同性之爱。一般为年长者喜爱少年)。在柏拉图的阐述中,爱的最高形式是纯洁,也就是所谓的"柏拉图式的爱情"。

而在柏拉图的《会饮篇》中,苏格拉底将他对爱的理解归功于狄奥提玛(Diotima)。狄奥提玛告诉苏格拉底,爱是一种精神,是需求和资源(或者缺乏和充足)之子,它是在美神阿芙洛狄忒(Aphrodites)出生时诞生的:

"因此,爱自诞生之日起便注定要追求美……爱是由贫乏神与资源神共同孕育的,所以他命中注定要一直贫困,他并不像我们所相信的那样文雅和俊美,而是相貌丑陋,赤着脚,无家可归。他经常睡在露天,没有床褥,承继着他母亲的贫困。但另一方面,爱也承继着他父亲的禀赋,追求美和善,因为他勇敢、豪爽、精力充沛、干劲十足,既是一名能干的猎人,又擅长使用各种计谋。他生来就充满欲望,非常聪明,终生追求智慧,也是玩弄巫术骗人的能手。"

戏剧家阿里斯托芬也出现在这场讨论之中,他向人们解释了为什么爱对人来说如此重要。起初,人类有三种类型,每种类型都由两个人组成,两个人结合在一起形成一个球形。这三种类型是女人和女人、男人和男人、男人和女人。这些人类有强大的力量,企图摧毁上天。众神并不想毁掉这些人,但决定对他们进行惩罚。宙斯决定把他们一分为二,以此来削弱他们的力量,结果导致每个人都在寻找着自己的另一半。原来是男女组合的,男人寻找女人;原来是女女组合的,女人寻找女人;原来是男男组合的,男人寻找男人。在狄奥提玛和阿里斯托芬所解释的爱中,都包含了性爱的因素,都不是"柏拉图式的爱情"。

亚里士多德

亚里士多德对西方哲学的主要贡献是什么?

亚里士多德对巴门尼德所开创的神秘主义进行了约束,使常识更为规范化,并对他的老师柏拉图过度的推测进行了检验和限制。这为经验主义(以感官观察和直接经验为基础获取知识的方法）奠定了坚实的基础。亚里士多德对当时的现有知识进行了广泛而深入的论述和评价，并用新的思维方式将众多知识领域推向了新的高度。极为难得的是，他既是知识渊博而勤奋的学者，又是富有创新精神的思想家。就像他在19世纪的继承者格奥尔格·威廉·弗里德里希·黑格尔那样，亚里士多德能够"思考全世界"。但是与黑格尔不同的是，亚里士多德并没有把世界看成是抽象的、思辨理论家的世界，而是看成普通人的世界。

 ## 关于亚里士多德的一生我们了解多少？

亚里士多德，是尼各马可（Nichomachus）之子。尼各马可是马其顿国王阿明塔斯二世（Amyntas II）的宫廷医生。亚里士多德受到了热爱科学的父亲的影响，17岁时进入雅典的柏拉图学院学习。公元前374年，柏拉图去世以后，柏拉图学院的课程重点转为了新院长斯珀西波斯（Speusippus）所钟爱的数学和思辨课程。于是亚里士多德离开柏拉图学院去了阿索斯（Assos）。阿索斯的统治者是赫米亚斯（Hermias），赫米亚斯曾经是奴隶，后来翻身成为统治者。亚里士多德于公元前345年与赫米亚斯的侄女皮西亚斯（Pythias）结为夫妻。赫米亚斯死后，亚里士多德前往莱斯沃斯岛（Lesvos）。

莱斯沃斯岛位于爱琴海东北部，拥有种类众多的海产资源和哺乳动物，还有许多古代化石。亚里士多德将他的生物学研究聚焦于生物分类学。公元前343年，马其顿王国的菲利普国王（King Philip）邀请亚里士多德给他的儿子亚历山大（Alexander）当老师。公元前335年，亚里士多德返回雅典。他在雅典城外的阿波罗莱森神庙附近的一片小树林中创办了一所学校，即吕克昂学园（the Lyceum）。亚里士多德在那里讲学并开展研究。有一条叫作"帕里帕特"（peripatos）的小路就是"逍遥学派"得名的由来。

亚里士多德的妻子皮西亚斯去世以后，他与赫菲利斯（Herphyllis）结婚并生有一子。他们的儿子沿用了亚里士多德的父亲尼各马可的名字。亚里士多德还用父亲的名字为自己的道德学著作命名。

亚里士多德塑像坐落在希腊哈尔基季基半岛斯塔吉拉的以亚里士多德命名的公园里。（图片来源：iStock图像）

亚里士多德失传的作品有哪些？

亚里士多德离开吕克昂学园之后，他的许多著作和对话就失传了，只有少数作品在一个地下室中沉睡了两个世纪。然而，在欧洲文艺复兴之前，亚里士多德的作品经历了失传又重现的过程。现存的亚里士多德作品中，有很大一部分可能是亚里士多德的学生根据他们上课的笔记重新整理而成的，或是在多年以后由相关学者根据间接资料整理而成的。其中一些材料可能是亚里士多德或者吕克昂学园的其他教师所做的授课笔记。

研究者们认为下列亚里士多德的作品已经失传：与柏拉图的对话形式一致的对话录、对自然观察的大量记载、当时流传甚广的一些作品、关于美德和柏拉图所讲的"形式"的讲义、为多达158个的希腊城邦所撰写的宪法（仅雅典宪法被保存了下来）。

公元1世纪的时候，罗德岛的安德罗尼克（Andronicus of Rhodes）把亚里士多德流传下来的作品进行了编纂，就是我们现在所见到的形式。但是我们能够看到的最早的版本是公元9世纪的。第一部带有评论的亚里士多德的作品是柏林学院1831年出版的。尽管这部作品集仅涵盖了亚里士多德作品的五分之一，但其庞大的篇幅——多达1 500页的小字号印刷——已经为现代研究提供了丰富的资料基础。

 亚里士多德的主要作品有哪些？主要讨论什么问题？

亚里士多德的《工具论》(Organon)包括6部早期作品：《范畴篇》(Categories)、《解释篇》(On Interpretation)、《前分析篇》(Prior Analytics)、《后分析篇》(Posterior Analytics)、《论辩篇》(Topics)、《辩谬篇》(On Sophistical Refutations)。这些作品，连同他的《物理学》(Physics)、《形而上学》(Metaphysic)，讨论的是逻辑、语言、科学探索的本质、本体论等问题。本体论指对真实存在的事物的研究。

这些作品为我们展示了系统的哲学分析方法，以及这些方法在人类知识的一般领域内应用的结果。更加具体的科学方法在亚里士多德的《生灭论》(On Generation and Corruption)、《论天》(On The Heavens)、《天象论》(Meteorology)中有所论述。《论灵魂》(On the Soul)讨论心灵的一般功能。在亚里士多德的《自然诸短篇》(Parva

Naturalia）中，心灵又被赋予一些具体的功能，比如记忆、做梦、睡觉、醒来等。亚里士多德关于生物学的作品包括《动物史》（*History of Animals*）、《论动物的部分》（*Parts of Animals*）、《论动物的产生》（*On the Generation of Animals*）等。他的道德美德理论在《尼各马可伦理学》（*Nicomachean Ethics*）和《欧德谟伦理学》（*Eudemian Ethics*）中得到了详尽的阐述。他的政治哲学在《政治学》（*Politics*）中进行了阐述。《修辞学》（*Rhetoric*）讨论了演讲术和劝说的艺术。他在《论诗》（*Poetics*）中，阐述了悲剧是一种艺术的观点。

亚里士多德的作品最重要的是什么？

为了鼓励知识的发展，亚里士多德创造了一套名为"三段式演绎法"的纠正思想的规则。三段式演绎法在现代社会形成之前一直主导着逻辑学领域。在科学方面，他提出了因果关系理论，认为事物的形成和变化不必依赖柏拉图所认为的真实却隐蔽的世界。亚里士多德还倡导在各个领域都采用观察和分类的方法，他本人也进行了实践。

亚里士多德的道德观念也比柏拉图更加实际。他认为幸福是人类合理而普遍的目标追求，可以通过发展和实践美德来获得。

亚里士多德和柏拉图不同，他没有一种乌托邦式的政府观念。他认为政府是在家庭、部落、村庄的基础上自然形成的，政府的目的是支持个人的利益和满足个人需要。

亚里士多德赞成柏拉图关于艺术是一种模仿的观点。艺术不一定会歪曲现实，因为艺术探讨的是普遍的人类真理，而不是对现实事物或者事件的歪曲表现。

三段式演绎法指什么？

根据亚里士多德的论述，三段式演绎法包含大前提、小前提和结论三部分。如果大前提和小前提都是真的，那么结论不可能为假，必然是真的。比如，"人终有一死"是大前提，"苏格拉底是个人"是小前提，那么，"苏格拉底必有一死"就是结论。

亚里士多德对现存事物的十大分类是什么？

亚里士多德把现存事物分为十大类：实体（substance）、数量（quantity）、性质（quality）、关系（relation）、地点（place）、时间（time）、姿态（position）、活动（doing）、拥有（having）、遭受（being affected）。除了"实体"以外，其他要素的

意思与我们今天所理解的意思基本一致。对亚里士多德来说，存在"主要实体"和"次要实体"的区别。"主要实体"指的是完整的事物，比如一个人或者一条狗。"次要实体"指的是某事物的特征，比如理性或者忠诚。

"数量"指的是某物的量，是一个数学概念。"关系"指的是事物之间的联系或比较，如上下、前后、左右。"地点"指某物的所在。"时间"既可以指事件的经过，又可以指钟表或者日历上的具体时刻。"姿态"指某物的方位，比如朝上还是朝下放置。"活动"指行为，比如弹竖琴或者治疗病人。"拥有"可以指拥有某物，而非拥有者（比如钱包），又可以指发生在你身上的事情，比如玩得很高兴。"遭受"指一事物对另一事物的影响，比如，当你把手挡在蜡烛的火焰上的时候，你就受到了热的影响。

亚里士多德认为存在的主要单位是主要实体。主要实体是很具体的事物，比如田野中的一头牛、一条狗，或者吕克昂学院外的一棵树。次要实体指的是主要实体所属的某个群体，比如牛类、犬类、植物等。主要实体具有一些独特的属性，这些特性会随着时间和环境的变化而改变，例如高矮、胖瘦、毛色等。我们的科学知识主要关注的是次要实体。这些次要实体本身并不存在，而是基于相似的主要实体的共同特性，在我们的脑海中形成的抽象概念。

亚里士多德和柏拉图的思想有何差异？

柏拉图认为只有"形式"是真实的，存在一个超越我们日常感知的世界的"形式世界"。然而，亚里士多德不同意他的观点。尽管如此，他赞同柏拉图对于知识必须具备确定性的看法。因此，亚里士多德的主要哲学任务就是确定什么使事物在这个世界上真实，并解释我们如何获取关于这些事物的知识。此外，他还发展了逻辑学体系，或者叫思维规则。如果前提是真实的，那么使用这套体系就能够得出真实的结论。

亚里士多德的"四因说"指什么？

科学知识可以为实际事物提供因果关系的解释。亚里士多德提出"四因说"，包括形式因、物质因、动力因和目的因。比如，以你的狗为例，其"形式因"指的是使其成为狗的独特特性——狗的本质。"物质因"则是构成狗的一些物质材料。（亚里士多德认为所有事物的本质或者实际存在都是一样的，只是特殊的形式不同。）

在狗的例子中，"动力因"是指狗的出生及它成长过程中所消耗的食物和水等资源。而"目的因"则指的是狗的最终目标或功能，即完全成长为一只成熟的狗，成为人类忠诚的朋友和助手，同时也是"你的"狗。形式是物质的实在体现，而事物则是其潜在能力的体现。你带回家的那只小狗具有成长为一只优秀的大狗的潜力。

 亚里士多德是怎样论述美德的？

亚里士多德认为美德是一种实际的智慧。它既非由天性决定，也不受天性限制，而是思想、行动和习惯的结果。但是，亚里士多德认为并非每个人都有美德，因为在他看来，美德的必要条件包括高社会地位、财富、美貌、男性身份及作为自由公民的身份。亚里士多德所讲的美德只是古代统治阶级所崇尚的特点，比如骄傲、慷慨、勇敢、高贵、节制等。这在一定程度上反映了他的阶级立场。尽管他强调美德不应与艰苦的体力劳动相混淆，但他关于如何获取和实践美德的思想对现代民主社会的成年人仍具有启示意义。另外我们还可以加上一些现在所在乎的美德（比如同情）。

亚里士多德认为，美德的养成始于童年时期的教育，而后需要通过实践来巩固和提升。例如，要变得勇敢，就需要在一段时间内做出勇敢的行为。在他看来，美德是人类之所以为人的关键要素，它体现了我们的理智和深思熟虑的能力。因此，在践行美德之前，我们应该进行深思熟虑，确保我们的行为出于正当的理由。勇敢的人之所以勇敢，是因为他们具备这种美德，但在不同的情境下，我们需要审慎地判断何时何地展现这种美德。

亚里士多德认为，理智的标准应以中庸为依归。例如，勇气应当介于懦弱和蛮勇之间。通过设定一个适中的目标，我们可以避免走向极端。同样地，当我们追求快乐时，也应该对各种快乐的来源进行审慎的权衡。

亚里士多德所谓"不动的动者"指什么？

在亚里士多德看来，自然界所有物质都由于"四因"的运转而发展、变化、形成、消亡。但是，因果链不能是无限的，肯定有一个首要原因，它自身不需要别的事物推动，叫作"不动的动者"（unmoved mover）。这种对首要原因的设定，使得亚里士多德的形而上学和哲学在一定程度上带有了神学的色彩，与柏拉图的某些观点有着异曲同工之处。作为外物之因的"不动的动者"不能是动力因、物质因或者形式因，因为这些都包含在现存事物之中。"不动的动者"应该是最终的目的，因为那是万物的目标。它是最伟大的美德，是生活的目的。亚里士多德说，它是心灵，它的核心是永恒运动的思想。它不断进行自我思考。

 在亚里士多德看来，有什么是绝对的错误吗？

在亚里士多德看来，有些事情是绝对错误的，无法弥补——比如通奸和谋杀。

亚里士多德缺乏幽默感吗？

亚里士多德的写作风格是权威式的，所以他流传下来的作品无一例外全是稳重而枯燥的。我们无从得知亚里士多德是怎样的人——有人说他很瘦、秃头，说话时口齿不清，总是拿出一副讽刺人的姿态。亚历山大大帝（Alexander the Great）死后，雅典爆发了反对马其顿的运动。在那以后，亚里士多德回到了加尔西斯。据说他自己称他之所以摆出那样的姿态，是为了"避免雅典人在哲学上犯下更多的错误"。

 亚里士多德认为道德有目的或者"目的因"吗？

亚里士多德认为在人类生活中——就像在自然界中——一切事物皆有目的，而且目的不可能无限回溯（即具有"不动的动者"）。由于我们是目的驱动的，所以肯定存在这样一种目的，它本身就具有价值，而不是因为它能导向其他目的才有价值。这种本身就是美德的目的，就是幸福。亚里士多德进一步指出，幸福并非等同于快乐或其他感官体验，而是我们在实现自身本质的过程中所获得的特质。换句话说，只有在因为正确的原因去做正确的事情时，我们才能真正地实践自己的本质，从而达到幸福的境地。

亚里士多德怎样看待政府和政治?

亚里士多德认为人的本质在于其社会性,因此稳健而有效的政府是实现公民幸福与满足的基石。他设想了3种政府形式,每种形式都可能会导致专制的君主政体、贵族主导的寡头政治、民主的政治制度。像柏拉图一样,亚里士多德把民主看成是"暴民政治",因为在他们那个时代,大部分人都缺乏教育,比较粗俗。亚里士多德认为最好的政府形式是由贵族进行的民主统治,在这种政府架构中,高级职位实行轮换制,确保特权阶层的每个人都有机会发声和参与决策过程。

希腊和罗马哲学

 古希腊衰落之后的政治事件对哲学发展有何影响?

亚历山大大帝的去世标志着希腊哲学古典时代的终结。伯罗奔尼撒战争以后,希腊城邦损失惨重,再也无法实现统一。接下来的800年间,希腊动荡不安,西方的政治和文化中心转移到了欧洲。罗马人占领希腊以后,希腊那曾经无与伦比的灿烂文化全部成了过往云烟。在这个历史阶段的末期,基督教的思想和实践开始渗透到文明生活的每一个角落。

一些前苏格拉底时代的思想——尤其是毕达哥拉斯的思想——在希腊衰落之后仍然流传。柏拉图的著作以新的形式与早期基督教并存。怀疑主义、斯多葛学派、伊壁鸠鲁学派、犬儒主义等基于希腊形式的新哲学在地中海周围广为流传。尽管人们不太重视亚里士多德的作品,但是他们还是很容易接受经验主义的。

 柏拉图和亚里士多德去世以后,雅典情况如何?

在公元前87年罗马人洗劫雅典之前,雅典一直是哲学中心。关于公元前1世纪的希腊哲学活动,大部分内容我们都是从古罗马作家卢克莱修(Lucretius)和西塞罗(Cicero)的记述,以及一些中世纪的间接资料中得知的。柏拉图学院变成了新学院,主要对其他学派的思想进行批判,这标志着怀疑主义的滥觞。亚里士多德的吕克昂学园起初在公元前322年由狄奥弗拉斯特掌管,但自公元前287年起,到公元前1世纪中期,其影响力不断减弱,逐渐走向衰落。

怀疑主义是什么？

怀疑主义由阿塞西劳斯（Arcesilaus）创立，他大约在公元前 268 年至公元前 241 年担任新学院的院长。随后，卡尔涅阿德斯（Carneades）继承了他的衣钵，在公元前 2 世纪担任院长。怀疑主义者认为任何事物都无法被完全认识，他们还认为人们应该对所有的判断、结论和评价持谨慎态度。绝对怀疑主义者会指出一些问题，或称修辞，来揭示感官知识的易错性，并指出理智并不总是等同于确切无误。他们认为，由于我们没有绝对的标准来判断真假正误，所以我们能寄予希望的最好结果就是可能性的知识。

 ## 伊利斯的皮浪是谁？

伊利斯的皮浪（Pyrrho of Elis）起初是一名画家，后来对德谟克利特提出的原子论产生了浓厚的兴趣。他曾随亚历山大大帝到过东方，与印度的修行者和波斯的僧侣探讨学问。他有自己的学生，但是却没有著作传世。他有时根本不去想朝他驶来的战车是否会撞到他，结果他的学生经常在战车驶近的最后一刻挽救他。

 ## 皮浪为什么重要？

皮浪拒绝作出判断，这构成了怀疑主义中的一个重要流派，称为皮浪怀疑主义。该流派在文艺复兴以后的宗教改革和反宗教改革运动时期得到了进一步的发展。皮浪怀疑主义认为人类生活中的很多事情都不可知。

 ## 皮浪怀疑主义者和绝对怀疑主义者之间的争论是什么？

皮浪怀疑主义是在公元前 1 世纪早期由埃奈西德穆（Aenesidemus）创立的。埃奈西德穆自称只是皮浪思想的传播者。在他之后，塞克斯都·恩披里柯（Sextus Empiricus）在公元 2 世纪继续传播皮浪的思想。皮浪怀疑主义认为绝对怀疑主义者提出的万物皆不可知的观点过于极端。皮浪怀疑主义者倾向于对事物的可知性作出更为审慎和延迟的判断。他们认为，延迟判断能够使头脑保持清醒，不再忧虑事物的表象背后隐藏着什么，也不会过分担忧未来可能发生的事情。皮浪怀疑主义者坚决反对教条主义，并将斯多葛学派视为哲学上的主要对手。

斯多葛学派包括哪些人，他们持有什么思想？

斯多葛学派是由季蒂昂的芝诺（Zeno of Citium）创立的，他的继承人是克里安提斯（Cleanthes），之后是克律西普（Chrysippus）。"斯多葛"（stoic）这个名称源自希腊文"stoa"（意为"门廊"），该学派首次在雅典集会广场的廊苑进行公开讲学，因此被命名为"斯多葛学派"。在斯多葛学派看来，整个世界是一个道德良好的体系。在该体系运行的各个阶段，事件根据神圣的原则发展并由命运预先决定其顺序。此外，该学派认为世界的每个阶段都会以一场大火结束，然后再重新开始，如此反复，无穷无尽。

早期斯多葛学派认为只有美德是善，只有邪恶是恶。至于其他事物，比如健康和财富，虽然可能受到偏爱，但是在道德上没有善恶之分。在世界中，每个人都有自己独特的角色，我们的任务就是去发掘自己的角色是什么。这样的探索能够使人们关心自己，进而扩展到对亲戚、朋友，乃至全人类的关心（斯多葛学派大概能算得上最早的世界主义者了）。探索是建立在对印象认同的基础之上的，直到一个人的所有思想都变得相互联系且"无法被理性所撼动"。所谓对印象的认同，讲的是我们不应该否认任何呈现在我们面前的事物，不管它是事实还是观点，我们都要承认其对我们的影响。斯多葛学派的这种思想形成了怀疑主义者所反对的教条主义。

季蒂昂的芝诺是斯多葛学派的创始人。（图片来源：艺术文献库）

 中期斯多葛学派有哪些重要的哲学家？

中期的斯多葛学派在罗得岛发展成熟，代表人物是帕奈提奥斯（Panaetius）和波塞多尼奥斯（Posidonius）。他们两人都对政治家、作家西塞罗产生了深远影响。波塞多尼奥斯在自己的观点里融合了柏拉图和亚里士多德的观点。中期斯多葛学派的主要成就是

罗马政治家、作家西塞罗受到哲学家帕奈提奥斯和波塞多尼奥斯的影响。（图片来源：iStock 图像）

把希腊思想应用到了罗马文化背景下的军事和政治生活之中。他们特别关注如何预测和解决人生中可能出现的种种问题，如战争失利或被捕等困境。

 罗马斯多葛学派的主要思想是什么？

罗马斯多葛学派是由小塞内卡（Senecathe Younger）、爱比克泰德（Epictetus）及撰写了《沉思录》（Meditations）的罗马皇帝马可·奥勒留（Marcus Aurelius）等人发展起来的。许多人都被奥勒留关于克制愤怒的劝告打动了，奥勒留说："不要像恺撒一样暴躁，不要随便翻脸，因为事情有时候就是这样发展的。"罗马斯多葛学派在文艺复兴和现代时期很有影响力。即使在今天，其思想也是军队所提倡的行为和道德标准的基石。

罗马皇帝马可·奥勒留是一位有多部思想著作的斯多葛学派哲学家。（图片来源：艺术文献库）

塞内卡是一位剧作家、政治家，一度担任罗马皇帝尼禄（Nero）的老师。他对斯多葛学派做出了贡献。（图片来源：艺术文献库）

斯多葛学派思想的基本前提是我们应该去理解我们所要处理的事物的本质，并学会接受我们无法控制的事情，对生活不再有怨言。爱比克泰德曾说过一段著名的话，他说："如果你心爱的陶罐被打碎了，你应该知道，陶罐就是如此易碎的东西，你的陶罐又不是第一个破碎的陶罐。如果你的伴侣或者孩子死了，这只说明他们并非长生不老，要记得我们所爱的人都将死去。"

伊壁鸠鲁学派是什么？

与现代伊壁鸠鲁学派提倡人们享受美酒好肉不同，古代的伊壁鸠鲁学派倡导的是一种简朴无华的生活方式。该学派由伊壁鸠鲁（Epicurus）及兰萨库斯的梅特罗多勒斯（Metrodorus of Lampsacus）、荷马丘斯（Hermarchus）、波利艾努斯（Polyaenus）等人创立。伊壁鸠鲁在米提利尼、兰萨库斯及雅典郊外创办社团。他的学校被称为"花园"（The Garden）。伊壁鸠鲁按照当权者的要求远离政治话题（但他本人并不反对政治），他将大量的时间花在与朋友探讨高深的哲学问题上。

伊壁鸠鲁写了很多关于物理学、天文学、伦理学的"信件"，以及许多格言。他的主要作品《论自然》（On Nature）流传下来的部分很少。他接受德谟克利特提出的原子论，但是他认为原子内部还包含着众多"最小量"（原子的一部分，本身不能再被分割）。他认为原子在不断运动，会突然转向并发生碰撞，从而形成了我们所见到的物体。在我们所熟知的生活和社会之外没有神的存在，神只不过是我们理想中的行为榜样。不必害怕死亡，因为死亡只不过意味着躯体消融为组成我们身体的原子，原子不会觉得疼，什么感觉也没有。

现在我们提到伊壁鸠鲁的时候总是想到美酒、美食的享乐，但是伊壁鸠鲁学派倡导的其实是朴实无华、冷静沉思。（图片来源：艺术文献库）

伊壁鸠鲁学派的伦理学认为快乐是我们唯一的目标，它甚至比美德更重要。痛苦是唯一的罪恶。快乐应该以稳妥的方式获得，这就要求我们过简单的生活。我们应该和朋友们一起去满足生活最基本的需求，而我们的朋友是与我们观点相似的人。人生活中最高层次的快乐是静态快乐，即与满足感有关的快乐。而源自刺激的动态快乐只是增加了我们的不安全感（它们就像欲望一样）。因此，我们的最高目标就是过简单的生活，使身体远离痛苦，同时研究物理学，陶冶心灵，就可以远离困扰。

古代犬儒主义是什么？

犬儒主义者是一群很特别的人，他们宁愿被人遗忘也不愿向他们不认同的社会规范低头。古代犬儒主义重申了人类本性独立的重要性，强调人的本性不应受社会和风俗的影响。这与我们现在对犬儒主义者的定义大相径庭，现在我们把犬儒主义者看作愤世嫉俗的人，他们充满怀疑，只看到人最坏的那一面。

雅典的安提西尼认为有德之人永远比无德之人快乐，还认为灵魂比身体更重要。（图片来源：艺术文献库）

犬儒主义的创始人是安提西尼（Antisthenes），他曾与高尔吉亚一起学习，并且是苏格拉底的好朋友，甚至苏格拉底去世的时候他也在场。安提西尼声称对自己的财富最为骄傲。他虽然身无分文，但是他却对自己所拥有的事物感到高兴。他认为有德之人总比无德之人快乐，还认为灵魂比身体更重要。

安提西尼的最简化生活理念得到了西诺普的第欧根尼（Diogenes of Sinope）的继承。第欧根尼住在木桶里，他认为同类相食和乱伦都是可以接受的行为。据说他还曾经在白天打着灯笼寻找诚实的人。第欧根尼的继承者是底比斯的克拉底（Crates of Thebes），他放弃了自己的全部财产去实践犬儒主义，尽管他还是结婚了。他认为禁欲对于获得独立很重要，还

佛兰德斯艺术家彼得·凡·摩尔（Pieter Van Mol）笔下的第欧根尼。第欧根尼是一位不同寻常的哲学家，他向公众做出粗鲁和下流之举来表示对社会传统的鄙视。（图片来源：艺术文献库）

曾说扁豆比牡蛎好。

 犬儒主义因何得名？

英语中的"cynic"（犬儒主义）一词源自希腊语"kyon"，意思是"狗"。西诺普的第欧根尼认为人可以从狗那里学到很多东西。狗不会因为自己的身体机能感到羞愧，不挑食，也不在乎在哪里睡觉。狗什么也不担心，不需要去考虑哲学问题，而且能够马上判断出对方是敌是友。更重要的是，狗不像人类，它们很诚实。第欧根尼认为我们应该像狗一样，把家庭结构、社会组织、政治、私人财产、良好名声都看作无用之物。据说他曾经在市场上自慰，向那些侮辱他的人撒尿，还向别人竖起中指。柏拉图称他是"疯了的苏格拉底"。

由于第欧根尼鄙视传统和哲学知识，很多人认为他是智者。亚历山大大帝曾经去拜访第欧根尼，当时他正在木桶中洗澡。因为他的皮肤不好需要经常洗澡。当亚历山大提出可以给予他任何想要的东西的时候，第欧根尼回答道："不要挡住我的阳光。"

古希腊和古罗马的女性哲学家

 为什么古希腊和古罗马没有非常知名的女性哲学家？

哲学史长期被男性主导有几个原因。第一，在 20 世纪之前，很少有女性接受过正规的系统教育，这使得她们没有能力研究哲学。第二，女性的家庭和社会地位让她们无暇进行哲学研究。第三，男性哲学家一直把哲学研究视为男人的事情，设法阻止女人进入这个领域。但是，在哲学发展的每个历史阶段，都有女性的贡献，还有一些女性成为哲学家。我们无从得知女性哲学家的研究有多少已经被人们所忽视、遗忘或者没有受到应有的重视，因为 20 世纪以前，女性哲学家的研究传世很少，也没有人提及她们的研究。

古希腊和古罗马时期为普遍的男性主导哲学的趋势奠定了基础。在那个时代，上层社会的妇女隐居在家里，缺乏关于公众生活的教育。而穷苦人家的妇女则忙于家务、农活和照顾子女。即使是有点空闲的女性，也只是去做些缝纫、纺织、编织之类的事情，或者是听男人们高谈阔论，但也只是在家里，而大部分的哲学交流活动都是在公共场所进行的。总而言之，古代妇女享受不到和男人同等的权利。尽管如此，仍然有少数女性哲学家的名字和思想流传了下来。

 古代有哪些著名的女哲学家？

古代的著名女哲学家包括席茂思特莉克（Themostocles）、克罗托纳的西阿诺（Theano of Crotona）、曼提尼亚的狄奥提玛（Diotima of Mantinea）、米利都的阿斯帕西娅（Aspasia of Miletus）、卢卡尼亚的颐萨拉（Aesara of Lucania）、斯巴达的芬缇丝（Phintis of Sparta）、珀克里提俄涅一世（Perictione I）、西阿诺二世

古代值得关注的其他重要女性哲学家还有谁？

在公元 3 世纪，罗马皇帝赛普蒂默斯（Septimius）的妻子茱莉亚·多姆娜（Julia Domna）资助了一些斯多葛学派的哲学家，并与他们一起研究哲学，帮助他们发展。在 4 世纪，女性哲学家马克林娜（Makrina）在家人受到基督教迫害以后，继续坚持着古希腊哲学思想研究。

(Theano Ⅱ)、亚历山大的希帕提娅（Hypatia of Alexandria）、雅典的阿斯克蕾比珍妮亚（Ascepigenia of Athens）、昔兰尼的阿勒特（Arete of Cyrene）等。虽然她们可能只是冰山一角，但是却值得我们关注。

席茂思特莉克是谁？

前苏格拉底哲学家毕达哥拉斯认为万物都由数字构成，并据此建立了一个兄弟会。有记载称，他的伦理学思想是特尔斐（Delphi）的公主席茂思特莉克传授的。人们知道阿波罗（Apollo）是特尔斐神庙的守护神，又是毕达哥拉斯派所崇拜的神。毕达哥拉斯及其追随者认为众生平等，他们进行自我反思，并在仪式和饮食上追求净化（他们都是素食主义者）。这种众生平等的思想可能也意味着妇女应该参与哲学活动。

女性毕达哥拉斯学派者有哪些人？

毕达哥拉斯的妻子克罗托纳的西阿诺，还有他的3个女儿可能是毕达哥拉斯的第一批信徒。据说西阿诺曾经讨论过形而上学，还在婚姻、性、妇女还有伦理学方面有所著述。毕达哥拉斯去世以后，西阿诺和她的3个女儿接替他成为毕达哥拉斯学派的领袖。西阿诺二世（仅知此人非西阿诺一世）是后来的一位毕达哥拉斯学派成员，她讨论了道德状况问题。她认为在讨论一件事是否符合道德规范时，需要考虑到这件事情发生的具体情形。她坚信，和谐是或者应该是道德和教育的基础。珀克里提俄涅一世是另外一位毕达哥拉斯学派成员，据说她撰写了《论女性的和谐》（On the Harmony of Women）。有些历史学家甚至认为她是柏拉图的母亲。

米利都的阿斯帕西娅是谁？

米利都的阿斯帕西娅是诡辩运动中的一位颇有影响力的成员。她嫁给了伯里克利。据说她颇有治国之才，而且还教授过苏格拉底修辞学。阿斯帕西娅曾因被指控"不敬神明"而面临审判，她丈夫帮助她摆脱了罪名，最终她被无罪释放。

昔兰尼的阿勒特是谁？

昔兰尼的阿勒特是亚里斯蒂帕斯（Aristippus）的女儿。亚里斯蒂帕斯是苏格拉底的学生和朋友，苏格拉底去世时他就在场。阿勒特后来接替父亲成为阿勒特学派的领袖。

她致力于讲授享乐主义伦理学和自然哲学，长达 30 年之久。

 女哲学家狄奥提玛是否确有其人？

据柏拉图《会饮篇》记载，曼提尼亚的狄奥提玛曾经为苏格拉底讲授爱情。文艺复兴以后，人们认为这是个杜撰出来的人物，但在文艺复兴之前大家认为确有其人。

 女性哲学家从什么时候开始被视为哲学研究的一部分？

自早期基督教时代开始，至少有一些女性哲学家的思想和教育活动得到了认可。一些男性哲学家也开始与女性哲学家进行思想交流。

第3章
从新柏拉图主义到文艺复兴

 柏拉图和亚里士多德影响了早期基督教和中世纪哲学吗？

是的。早期基督教和中世纪哲学所受的影响都源于对柏拉图和亚里士多德思想的解读。然而，当时的人们及现在的学者都认为这种解读不是完全忠于原著的。人们从新柏拉图主义的角度解读柏拉图，从基督教的角度解读亚里士多德。直到文艺复兴时期，古希腊思想家们深邃的人文主义思想才重新被人们发掘出来。在9世纪人们重新发现亚里士多德的作品以前，古代思想的影响主要来自柏拉图。而在文艺复兴之前，所有的古希腊哲学，即所谓的异教哲学，其地位远远低于基督教神学和哲学。

新柏拉图主义

 新柏拉图主义是什么？

新柏拉图主义是一种复杂的哲学和学术思想，其思想基础是不可见的"太一"（the One）。所谓的"太一"是万物的基础，它很强大但却不可见，类似于柏拉图所说的"形式"。

基督徒接受新柏拉图主义吗？

新柏拉图主义是对柏拉图主要思想的重新解读。虽然罗马帝国和罗马皇帝对无神论和异教信仰越来越排斥，但是新柏拉图主义却能够与基督教思想并存。新柏拉图主义者和基督徒常常在政治和宗教问题上激烈争吵。在中世纪以前，很少有人会同时信仰基督教和新柏拉图主义。

"太一"是什么？

"太一"像上帝一样，是宇宙的创立者，是永不磨灭的道德标准。

新柏拉图主义是怎样流行起来的？

信奉斯多葛学派的罗马皇帝马可·奥勒留去世以后，罗马帝国开始衰落。正是在这一时期，新柏拉图主义开始广泛传播。从罗马帝国时期起始，新柏拉图主义的不同分支一直流传至中世纪和文艺复兴时期，并延续至17世纪，从那时起，新柏拉图主义开始传播。

新柏拉图主义在哪些方面与基督教相似？

基督教在社会和政治急剧动荡的时期为人们提供了一种美好的情感寄托和精神慰藉。同样地，新柏拉图主义也为其信徒构建了一个高尚而美好的精神家园，给他们带来安慰。因此，新柏拉图主义比其他古典哲学更加接近基督教，因为它只信仰一位创世主，而且重视追随者的感受。

早期的新柏拉图主义者有哪些人？

柏罗丁（Plotinus）在公元3世纪创立了新柏拉图主义。他大部分的作品都是在公元253年至270年之间写成的，他的作品由他的学生波菲利（Porphyry）编辑出版。波菲利整理的柏罗丁作品被文明世界的多个学校广泛采纳和整理，这些学校遍布亚历山大、雅典、叙利亚和西欧等地。新柏拉图主义的早期发展历程在6世纪达到终点，当时波伊提乌（Boethius）尝试将柏拉图和亚里士多德的思想与基督教神学相融合。

柏罗丁是谁？

柏罗丁出生在上埃及。从28岁开始，他跟随阿摩尼阿斯·萨卡斯（Ammonius Saccas）学习哲学，一学就是11年。后来，他加入国王戈迪亚努斯三世（Gordianus Ⅲ）的军队，与波斯人打仗。戈迪亚努斯三世去世（或者据某些记载，戈迪亚努斯三世被刺杀）以后，柏罗丁前往安提俄克（Antioch），最后在罗马定居。在罗马，他成为加利努斯（Gallienus）皇帝的朋友，并开始记录自己的哲学思想。加利努斯曾经想给柏罗丁一些土地，让他建立一个柏拉图在《法律篇》中所描绘的世界，但是遭到了其他人的阻拦。不久以后，加利努斯在一场军事竞赛中被自己部队的军官刺杀身亡。两年后柏罗丁去世，据说是死于麻风病。

柏罗丁是在罗马文明衰落时期新柏拉图学派的创立者。（图片来源：艺术文献库）

 ### 柏拉图的《法律篇》与柏罗丁和加利努斯有什么关系？

在《法律篇》中，柏拉图描绘了一个稳定的政府体系。这个政府体系允许私人家庭和私有财产的存在，因此它不像《理想国》那样充满了乌托邦的色彩。有些评论家认为罗马皇帝加利努斯对柏拉图的这种政府形式并不感兴趣，但是因为他欣赏柏罗丁，想帮他一个忙，所以同意建造一个这样的社区。而另一方面，柏罗丁本人想为自己和追随者们找一处隐蔽之所。

 ### 柏罗丁的思想体系在《九章集》中得到了怎样的阐述？

柏罗丁的思想体系在《九章集》（Enneads）中得以阐述。《九章集》由6组文章构成，每组9篇。前3组讨论物质世界和人与物质世界的关系，第4组讨论灵魂，第5组讨论智慧，第6组讨论"太一"。虽然柏罗丁自称是柏拉图的忠实弟子，但是他在《九章集》里融入了亚里士多德、斯多葛学派及他自己的哲学思想。

柏罗丁把柏拉图主义所称的不可感知的世界——"形式"——分为三部分:"太一"、智慧和灵魂。其中,"太一"地位最高,作为存在和因果关系的最高准则,它凌驾于万物之上。"太一"是个统一体,它没有思想、没有意识,因为思想或意识需要把思考和被思考的对象区分开。讽刺的是,"太一"虽然无知到连自己的存在都意识不到,但是它却清楚地知道它所创造出来的万物。

"太一"以下是智慧,它与柏拉图所讲的"具体形式"相对应。智慧知道所有存在之物,并包含数字,数字与灵魂关联,包含着初始物质,但是思想不能无限叠加,因为斯多葛学派宣称,世界常常会被毁坏。

 在柏罗丁所说的柏拉图实体中,灵魂占据了怎样的位置?

所有来自个体的灵魂构成统一的世界灵魂,灵魂的位置仅次于智慧。有些灵魂已经脱离了肉体,而那些还存在于肉体之中的灵魂会继续生长。人类、动物、植物的灵魂都是不朽的、物质的(即他们的灵魂是物质)、无形的。由于它们不朽,所以个人的灵魂可以在不同人的身体中重生。

灵魂生成于智慧,智慧生成于"太一"。这种源于智慧和"太一"的生成关系不会减损它们的价值,也不是出于它们自己的意愿。从灵魂到物质的生成关系也是如此。虽然源于"太一"、智慧和灵魂的这种生成关系很自然,但是柏罗丁有时却把它视为一种堕落的过程。在从智慧生成灵魂的过程中,灵魂实现了一种统治的欲望,也远离了身体,这会导致身体的腐朽。但是,即使灵魂已经生成,它还是存在于智慧之中。

 如何认知"太一"?

柏罗丁认为灵魂可以与"太一"融为一体,进而认知"太一"。他把这个过程叫作"灵魂出窍"(ecstasy)、"屈服"(surrender)、"简化"(simplicity)、"触摸"(touching)或者"独自飞行"(flight of the alone to the alone)。在基督教看来,灵魂重生的过程被视为与上帝结合的过程。在柏罗丁看来,这个过程会重复很多次。为了做好准备,新柏拉图主义者实践着美德和柏拉图辩证法,包括数学学习。

 扬布里柯是怎样实践新柏拉图主义的?

叙利亚的扬布里柯(Iamblichus)是波菲利的学生,他在阿帕米亚(Apamea,现在位于叙利亚）建立了一所自己的学校。波菲利施行"法术"——或者叫作"巫术"——以素食主义和其他禁欲主义为基础。扬布里柯认为法术只局限在低层次的灵魂生成过程中，因此他发展了一套更为详细的法术体系，适用于灵魂拯救的每个阶段，这和基督教的圣礼神学比较相似，并成为新柏拉图主义的一个重要部分。扬布里柯还完善了柏罗丁的理论，把"太一"分成两部分：一部分负责生成，一部分负责超越。扬布里柯把很多希腊神融入柏拉图主义对创世和救赎的描述之中以后，引起了罗马皇帝尤里安（Julian）的浓厚兴趣。

 新柏拉图主义的雅典学派是什么？

雅典学派是由雅典的普鲁塔克（Plutarch）创立的。普罗克洛斯（Proclus）最重要的学生西里阿努（Syrianus）将它继承了下来。该学派其实是与柏拉图学院相似的机构。在扬布里柯的理论体系中，雅典学派引入并丰富了对神的探讨。雅典学派认为这些神对哲学问题感兴趣，普通人能够理解他们的思想，但是雅典学派不赞同扬布里柯关于两个"太一"的思想。

柏罗丁与鬼神学有何关系？

在波菲利撰写的柏罗丁传记中，他写下了这样的话：

一位埃及牧师去罗马的时候，通过朋友结识了柏罗丁。他想测试一下柏罗丁的能力，于是要求柏罗丁使用巫术让和他与生俱来的邪神现身。柏罗丁欣然同意，选择在伊西斯神庙施法。之所以选择这个地点，是因为在传说中伊西斯神庙是埃及人眼中唯一纯净的地方。施法以后，出现了一位神，但他不是邪神。据说，那位埃及牧师喊道："你受到上天的庇佑，因为连你的邪神都不是低级的邪神！"但是他们没有机会向神提出问题，片刻后他们就看不见神了，因为在场的某位朋友，双手捧着鸽子来保持神庙纯净，却把鸽子掐死了——不知道是出于嫉妒还是害怕。

学者认为这段记载很有趣，因为它介绍了古代关于邪神的两个有趣观点：第一，邪神也可以变成善神或者天使；第二，鸽子可以用来保护灵魂的纯洁。苏格拉底的"邪神"可以在困难的时候安慰他，还能够提示他关注重要的事物。然而，柏罗丁与"邪神"的交流更像后来的法术，而不只是像苏格拉底那样倾听某个声音。

 普罗克洛斯对新柏拉图学派做出了怎样的贡献？

普罗克洛斯撰写了《神学元素》（The Elements of Theology）和《柏拉图的神学》（The Theology of Plato），对后世的哲学，尤其对13个世纪以后的黑格尔产生了重要影响。他对灵魂生成的思想进行了补充，在生成的不同阶段引入了"向下运动"和"水平运动"的概念，增加了大量的神圣元素，即"一"（henads）。普罗克洛斯把这些元素等同于古希腊的邪神。他还提出了"三阶段原则"，即"保持—前进—返回"。神在生成为普遍存在的过程中保持本质。人对这个过程的理解和与神的交流构成返回。除了对灵魂的研究之外，普罗克洛斯还在数学、天文学、物理学、文学批评等方面有所著述。

 波伊提乌是谁？

波伊提乌是西方世界最著名的基督教新柏拉图主义者。他在"三位一体"问题上著述颇丰，并且翻译了许多评述亚里士多德的文章，这些译稿对后世产生了深远的影响。他还在教育、科学、哲学等方面进行了大量论述。他后来关注逻辑学，关注哲学家的思维方式。在他对波菲利的评论中，他提出了"共性问题"。该问题以柏拉图和亚里士多德的哲学思想冲突为基础，成为公元1000至1150年间哲学家关注的主要问题。

 "共性问题"是什么？

波伊提乌所提出的"共性问题"讨论了是什么使一个事物不同于另一个事物。以家里养的狗为例，狗是生物中种类较多的一种，科学家们如今能够依据DNA来区分吉娃娃与大丹犬等不同的品种。狗的DNA是一种与早期犬类动物相联系的先天物质。在基因和DNA被发现之前，人类就能够把某种动物判定为狗——这种动物具有独特的外表和特点。

这一原理不仅适用于狗，而且同样适用于其他自然物体。每个种类的成员似乎都拥有某种共同的特点。柏拉图可能会说狗的本质是"狗的形式"，即所有狗都包含的共同本质。亚里士多德说狗的本质是"狗的特性"，人们了解这种特性，所有的狗都具有这种特性。然而，这种特性只能通过大脑抽象思考出来。

严格地说，在亚里士多德看来，除了罗弗、杰克、蕾西、布拉斯等不同的名字以外，并不存在狗的本质。"共性问题"就转化为了一个关于柏拉图正确还是亚里士多德正确的问题。学者们为了回答这个问题费尽了心思。认为事物的本质确实存在的人，被称为唯实论者。还有些人认为所谓的本质不过是人头脑中的概括，这些人则是唯名论者。

 波伊提乌是否密谋反对狄奥多里克大王？

与君士坦丁堡（Constantinople）的通信被披露以后，波伊提乌因为涉嫌叛国而被捕。波伊提乌在狄奥多里克大王（Theodoric the Great）手下担任执政官的第一年，为人甚是挑剔，也因此得罪了不少人。这些人以波伊提乌写的一些看似支持东正教会的神学文章为依据，说服狄奥多里克大王相信波伊提乌支持东罗马帝国皇帝查士丁尼（Justinian）。查士丁尼在东部统治着罗马帝国的其余部分，企图伺机重新统一整个罗马帝国。（318年，根据不信仰"三位一体"的阿里乌斯教的教条，教会分为两大教派。）

在波伊提乌死后很久，为什么他还很出名？

波伊提乌最著名的是他的斯多葛派风格的新柏拉图主义著作《哲学的慰藉》（*The Consolation of Philosophy*）。这是他被指控与查士丁尼勾结，企图推翻狄奥多里克而被捕入狱之后写的。这部著作对整个中世纪及以后的时期都产生了深远的影响。到1300年的时候，已经被翻译成了古英语、德语和法语，并对但丁（Dante）、薄伽丘（Boccaccio）、乔叟（Chaucer）等作家产生了重要的影响。

在《哲学的慰藉》中，波伊提乌对"上帝不朽"及"永生"的说法提出了质疑。宇宙被创造出来，无始无终，但却是在时间中存在的。波伊提乌解决了上帝了解一切和人类具有自由意志这对矛盾，他说上帝能够立即知晓在任何时间里所发生的一切事情，包括人的自由意志。

行刑官把波伊提乌的脖子套住,残忍地将其勒死。由于绳子勒得太紧,眼珠都掉落下来了。对波伊提乌施以这种酷刑,狄奥多里克后来深感悔恨。波伊提乌被捕后不久,就说:"如果曾经有任何获得自由的希望,我必定会全力以赴。如果我听说过有人密谋反对国王,你也不会从我这里得到消息。"

 波伊提乌的《哲学的慰藉》如何同时具有斯多葛学派和新柏拉图主义的特点?

《哲学的慰藉》是以对话体写成的,书中描述了绝望中的波伊提乌与哲学的化身——一个积极向上、鼓舞人心的天使——进行对话。"哲学"对波伊提乌说:

> 凡人啊,是什么使你如此悲伤难过?你看到了那些对你来说陌生而奇异的事物,因而认为命运不再眷顾你。然而,你错了。这就是命运,这就是命运的本质。不管命运如何变化,她都一直在你身旁。不管她向你微笑,还是她用虚假的好运作为诱惑来嘲笑你,她都在你身旁。你也因此发现了这位女神的不同面孔。

波伊提乌能够见到天使,这沿袭了新柏拉图主义的"法术"。天使在混乱和不幸的时候给人慰藉,这又具有明显的斯多葛学派特点。

12世纪的一幅图描绘了"哲学"正在拜访波伊提乌的场景。这位基督教的新柏拉图主义者在"三位一体"问题上著述颇丰,并且提出了著名的"共性问题"。(图片来源:艺术文献库)

 早期新柏拉图主义包括女性哲学家吗?

是的。总体来说,基督教强调个人的不朽灵魂的重要性。虽然教会都由男人主宰，主要的神学家也都是男性，但是女性的哲学研究在各学派和各修道院中都有一席之地。女性地位的这种变化首先在新柏拉图主义运动中体现出来。

 埃及亚历山大的希帕提娅是谁？

埃及亚历山大的希帕提娅是一位著名的哲学家和教育家。她因在新柏拉图主义哲学和数学方面的成就，在学术圈中非常知名。希帕提娅在新柏拉图主义的框架下，用数学方法探索更广阔的世界问题。在《赛昂》（*Theon*）中，希帕提娅的父亲对托勒密（Ptolemy）的《天文学大成》（*Almagest*）进行了评论，他说该书的第三章是他的女儿希帕提娅完成的。

虽然希帕提娅是异教徒，但是信奉罗马天主教的埃及政府还是任命她担任柏罗丁的一所学校的校长。她担任校长一职15年，既教男生，又教女生。据说她长得非常漂亮，是很多人崇拜的对象。她的学生西内修斯（Synesius）后来成为托勒密城的主教，西内修斯在短文、赞美诗和书信中表述了希帕提娅的观点。希帕提娅还是查尔斯·金斯利（Charles Kingsley）1853年写的小说《希帕提娅，熟悉面孔的新敌人》（*Hypatia, or, New Foes with an Old Face*）一书的主人公。

希帕提娅与亚历山大城执政官有着某种关联。该执政官反对激进的大主教亚历山大的圣·西里尔（Saint Cyril of Alexandria）。希帕提娅被卷入了这场纷争之中，她被一群基督教暴徒用锋利的贝壳割成了碎片，尸体也被烧掉了［当代女性主义心理学期刊《希帕提娅》（*Hypatia*）就是以她的名字命名的］。

 阿斯克蕾比珍妮亚是否遭受了与希帕提娅同样的命运？

不是。雅典的阿斯克蕾比珍妮亚（Asclepigenia of Athens）在她父亲的学校里讲授新柏拉图主义思想。她用柏拉图和亚里士多德的智慧来解决基督教的道德问题。普罗克洛斯是她的学生之一。阿斯克蕾比珍妮亚的研究兴趣主要集中在神秘主义领域。

中世纪哲学

 中世纪哲学是什么？

中世纪哲学是指公元4至14世纪这段历史时期的哲学思想。在此期间，人们对宗教问题的关注占据主导地位，人们研究古希腊哲学，还要把对理性的研究和宗教信仰结合在一起。这个时期的哲学主要（但不完全）局限在基督教教义的范围之内。4世纪的圣奥古斯丁（St. Augustine）首先为基督教在政治学和伦理学方面奠定了哲学基础。在中世纪末期，在伽利略·伽利莱（Galileo Galilei）提出机械原理之前，奥雷斯姆的尼古拉斯（Nicolas of Oresme）在研究教会公认的亚里士多德关于运动的理论时，就预测出了微积分和坐标几何的发展。

基督教哲学和基督教神学有什么不同？

中世纪基督教神学家的主要任务是编制天主教会的教义，而不去怀疑其基本前提及以《新约》（New Testament）为基础的宗教内容。中世纪基督教哲学家的主要任务则是向人们解释那些已经被人们接受的、没有基督教根源的理论，使其能够与基督教神学相兼容。但是在早期教会的作品中，例如，在圣奥古斯丁的作品中，并没有相关记载。

圣奥古斯丁在早期中世纪哲学中扮演怎样的角色？

圣奥古斯丁是从古典时期过渡到中世纪思想阶段的一位关键人物。有人把他视为最后一位伟大的古典思想家，也有人称他为第一位中世纪思想家。他经历了罗马帝国的衰落，目睹了罗马帝国的政治动荡和军事失败，更见证了基督教成为罗马官方宗教的历史时刻。圣奥古斯丁死前不久，有破坏者洗劫并焚烧了希波城，他就是那里的主教。

圣奥古斯丁非常有影响力的作品有《忏悔录》（Confessions）、《三位一体论》（On the Trinity）、《论创世纪》（On Genesis According to the Letter）及《上帝之城》（City of God）等。这些

圣奥古斯丁教堂的彩画玻璃窗上描绘的奥古斯丁像。（图片来源：iStock图像）

作品都反映了他皈依基督教之后的信仰，为后来的基督教著作树立了典范。虽然圣奥古斯丁早期接受的是修辞学教育，但是他后来对新柏拉图主义的研究深刻地影响了他对宗教的理解。他研究哲学的出发点是探索哲学如何为宗教服务，而不是把哲学视为一门有价值的学科。这种对哲学的看法在中世纪被哲学家们广泛接受。圣奥古斯丁是最早的教父之一，并且按照天主教会早期的习俗，人们将他称为"圣人"。

 圣奥古斯丁在《忏悔录》中忏悔了什么？

圣奥古斯丁《忏悔录》的重要意义不在于他透露了自己的什么事情，而在于他使用了第一人称的亲切的写作风格。这种风格后来成为宗教著作和哲学论文所使用的一种特殊体裁。《忏悔录》是奥古斯丁在四十多岁的时候写成的，讲述的是他在宗教上的渴望、奋斗和快乐。

圣奥古斯丁早期接受的是修辞学和文学的教育。他在 18 岁时曾说，他读西塞罗的对话录《荷尔顿西乌斯》(Hortensius，现已遗失)时受到了激励，决心要把一生投入到对智慧的探索之中。虽然他在 386 年信仰基督教，但是他一生教授修辞学，还曾经一度主要关注摩尼教（摩尼教不承认耶稣被钉在十字架上。摩尼教将基督教和佛教融合在一起，主要关注的是善与恶、明与暗之间的斗争）。圣奥古斯丁到意大利米兰时接触到了安布罗斯主教和一些基督教新柏拉图主义者。在那里他找到了他所感兴趣的复杂的基督教形式。

圣奥古斯丁认为新柏拉图主义预见了基督教关于上帝、创世纪、神圣存在的教义。他回到北非家中时被任命为牧师，后来又被任命为希波城主教。他进行了大量的布道、旅行和通信。在他的学术和虔诚的宗教活动中，他逐渐开始相信基督教《圣经》，尤其是《福音书》中对耶稣生平的记载，比哲学家的著作更为重要。他得出结论，比信仰更为重要的是一种思维上的东西，也就是理解。理解源于忠诚，正如他所说："相信才能理解更多。"理解需要对上帝有洞察力。

 圣奥古斯丁说"上帝啊，让我变好……"是什么意思？

圣奥古斯丁认为自己年轻时行为不端，他的行为让他的母亲莫妮卡（Monica）非常伤心。《忏悔录》记叙了一些他年轻时的事情。他在书中不断重复一句话："上帝啊，请让我变好，但不是现在。"但是，还有一些学者认为这段拉丁语更准确的翻译应该是："哦，神啊，让我变得纯洁又禁欲吧——但不是现在！"他们还认为奥古斯丁不是在谈论自己的过去，而是在讽刺那些没有决心去培养自己的美德、献身上帝的人们。

圣奥古斯丁经常提及自己的错误，这使得一些人相信他犯了严重的错误。作为年轻人，在信仰基督教之前，他热衷于美酒和美女。公元 372 年，他有了一个私生子，之后他与这个孩子的母亲保持了 15 年的联系，这在当时看来已经是比较得体的事了。

圣奥古斯丁怎样用哲学来支持教会的神学？

圣奥古斯丁试图证明所有人类知识都是合理的，当然他也承认存在错误。圣奥古斯丁说，所有知识，都存在于灵魂中，都是"理智赋予的，适于控制身体"。虽然灵魂能够作用于身体，但是身体不能作用于灵魂。不管灵魂是否意识到上帝的存在，上帝总是存在于灵魂之中。奥古斯丁的这些观点建立起了宗教优于哲学的基础，也使人们在非宗教和宗教层面都形成了关于上帝的认识。

圣奥古斯丁最伟大的作品是《上帝之城》，他在书中区分了尘世上的国家（地球上的政府）和后世的天堂之城。尘世国家在维护和平、秩序、安全及市民幸福方面起到次要的作用。相比之下，天堂之城则要求根据上帝的规则来生活。虽然尘世之城和天堂之城有可能会重叠，但是只有天堂之城是永恒的。

黑暗的中世纪是什么？

圣奥古斯丁在 430 年去世之前，所谓的"黑暗的中世纪"（约 420—1000）就开始了。公元 420 年，住在罗马城内的西哥特人洗劫了罗马。在意大利、西班牙、英国等地的修道院中，出现了百科全书编撰者。

塞维利亚的圣伊西多尔设定了宏伟的目标，要编撰全面的百科全书，记载人类的全部知识。（图片来源：艺术文献库）

百科全书编撰者都有谁？

他们是试图将当时所有人类知识进

行系统编撰的学者，其中的主要人物包括意大利的波伊提乌、塞维利亚的圣伊西多尔（St. Isidore of Seville）和在英国受人崇敬的比德（Bede），当然波伊提乌的成就要远远超过其他人。圣伊西多尔和比德都是基督教会的牧师。圣伊西多尔编撰了《词源》（*Etymologiae*，或称 *Origines*），系统地记录了当时的所有知识。在以后的几百年里，这本书一直被用作教会学校的教材。比德最著名的作品是史书，尤其是英国史。另外一位著名的哲学人物是约翰尼斯·司各脱·爱留根纳（Johannes Scotus Eriugena）。

约翰尼斯·司各脱·爱留根纳是谁？

约翰尼斯·司各脱·爱留根纳是一位基督教纯理性主义者。大胆的约翰王把他请到了宫廷学校，让他翻译《伪狄奥尼修斯》（*Pseudo-Dionysius*）。这本书是一位不知名的新柏拉图主义者撰写的，但是人们常常错误地把它当成圣保罗（St. Paul）的皈依者圣狄奥尼修斯（St. Dionysius）的著作。爱留根纳的翻译起初很成功。在对作品的内容进行翻译之外，他还构建了自己的思想体系，并著有《自然的区分》（*De Divisione Naturae*）。他认为哲学的基本前提是合理的推理与基督教哲学彼此兼容。这就意味着，人们在必要时可以批判教会神父们的教导。更加充满异教思想的是，该书没有给神圣创世和救赎的信仰留有余地。因此，1225 年，教皇洪诺留三世（Pope Honorius III）将该书列为禁书。

为什么教皇洪诺留三世认为约翰尼斯·司各脱·爱留根纳的作品有异教思想？

在《自然的区分》中，爱留根纳呈现了一个新柏拉图主义的世界观和宇宙观，但这种世界观和宇宙观同时也是异教思想。天主教会不接受异教思想，因为异教认为上帝在世界范围内无处不在，上帝应该和世界万物区分开。在爱留根纳看来，我们不能把自己感知的自然特质归因于上帝。这种观点对于教皇来说没什么问题。问题是爱留根纳认为世界是上帝在不同阶段创造出来的：上帝创造了思想，或者柏拉图所谓的"形式"，然后思想又创造出了可以感知的事物。可感知的事物虽然不能够创造出任何事物，但是它们最终和上帝合为一体，这就意味着万物由上帝创造，又复归于上帝，万物循环的终点就是上帝。

圣伊西多尔的百科全书包括哪些内容？

塞维利亚的圣伊西多尔的百科全书《词源》是一部雄心勃勃的著作，它试图将当时所有的知识汇集在一起，并进行了简要的批判性编辑。比如，在"A"字母部分，既有原子理论的条目，也有神秘的安特波地斯人（Antipodes）的条目，据说他们居住在南非多岩石的平原地区。圣伊西多尔在《词源》一书中，对安特波地斯人的描述是，那些人的大脚趾不是长在脚的内侧，而是长在外侧，这使得他们行走在岩石地区时更加灵活。

经院哲学家

经院哲学家包括哪些人？

经院哲学，作为中世纪时期首批具有深远影响力的思想流派，其创始人是11世纪居住于坎特伯雷的安瑟伦（St. Anselm of Canterbury）。随后，这一哲学传统得到了12世纪杰出学者皮埃尔·阿伯拉尔（Pierre Abelard）和彼得·隆巴德（Peter Lombard）的进一步传承与发展。这种革新在圣·托马斯·阿奎那时期达到了顶峰，他的继承者是约翰·邓斯·司各脱（John Duns Scotus）。

坎特伯雷的安瑟伦怎样论述上帝的存在？

安瑟伦是一位本笃会僧侣，后来被任命为坎特伯雷第二任诺曼大主教。他因在著作《宣讲》（Proslogion）一书中提出了证明上帝存在的本体论的证据，以及在《上帝何以化身为人》（Cur deus homo）中提出的"满足赎罪论模式"（model of satisfaction in the Atonement）而闻名于世。

安瑟伦用来证明上帝存在的本体论观点大致是这样的：设想某种存在是能够想象出来的最伟大的存在，这种存在只能存在于智慧之中。如果这种伟大存在只存在于智慧之中，那么还可以想象出存在于现实中的一个更加伟大的存在。但问题是，现实中不能存在一种比能够想象出来的最伟大的存在还伟大的一种存在。因此，那种想象出来的存在就是最伟大的存在。

这样,最伟大的存在可以是任何东西,它们具备所有那些只要具备就比不具备强的特点,比如生命、智慧、力量、真实性、公正、庇佑、不变化、非实体、永恒、美丽、和谐、甜美等。这就意味着——这就是本体论最重要的问题——因为存在优于非存在,那么上帝将具备存在这个特点,也就是说,上帝是存在的。

安瑟伦继续说,上帝就是能够想象出来的最伟大的存在,上帝是简单的。任何事情,只要与造物者——上帝——相似,都是有价值的。所有的存在物都是由上帝创造出来的,但是上帝是独立的,不对其创造物负责任。

 安瑟伦的本体论是否遭到反对?

是的。安瑟伦死后,他观点的各种版本在哲学史上不断出现,对他的反对之声也层出不穷。直到今天,在某些范围内,他的观点仍然是人们争论的话题。安瑟伦提出了他的观点——即使是不相信上帝的愚人也会同意他的观点。与他同时代的一名叫作高尼隆(Gaunilon)的僧侣常常扮演愚人的角色。

高尼隆首先说,不可能想象出"一个比任何存在更伟大的存在"。安瑟伦回答说,如果能够听懂"一个比任何存在更伟大的存在"这句话,那么这个人(愚人)就能够想象出这样的存在。由于这个存在如此伟大,而且存在优于不存在,所以这个存在是存在的。

 安瑟伦的本体论观点的根源是什么?

第一,安瑟伦关于上帝存在的观点,依赖纯粹理性作为获取真理的手段,这种手段可以追溯到古希腊时期。只依赖理性,而不依赖观察或者经验的方法,可能更接近柏拉图或者新柏拉图主义者的思想,而不是亚里士多德的哲学。第二,他的论点是以古代认为存在比不存在更好的假设为基础的。

 有人成功地驳倒了安瑟伦的本体论观点吗?

很多哲学家认为伊曼纽尔·康德驳倒了安瑟伦的观点。康德说,存在不是某物可以或者不可以具有的"一种论断"或者一种特质。然而,尽管如此,其他哲学家仍继续就安瑟伦及其他本体论观点展开激烈的辩论。

彼得·隆巴德对中世纪哲学做出了怎样的贡献？

彼得·隆巴德是一位意大利神学家，著有《语录集》（Book of Sentences）。隆巴德先后在意大利的博洛尼亚、法国的兰斯和巴黎接受教育，他还曾在巴黎圣母院教书。《语录集》围绕着重要的神学问题和主题展开，如"上帝是否是邪恶的源泉"等问题。隆巴德首先提出问题，然后说明教会神父会怎样回答这个问题，最后再提出自己的答案。

 彼得·隆巴德是怎样回答他自己提出的"上帝是否是邪恶的根源"这个问题的？

上帝当然是善良的，有着善良的本性。从善良的本性中，上帝创造了一个天使。但是这个天使被创造出来以后，却变成了邪恶，并且把这种邪恶传递给了人类。人类身上的这种邪恶就成了罪恶。这样说来，上帝并非人类罪恶或者邪恶的第一根源（隆巴德的这种解释类似于我们对于好父母怎样养育出坏孩子的解释——生儿育女后，父母要在一定程度上对孩子的道德负责，而隆巴德则把这种责任归咎于天使）。

隆巴德在他的四卷本《语录集》中深入讨论了此类问题，这本书在13世纪之前一直是神学教育的经典教材。还有人在这本书的基础上，发展了自己的思想。

 皮埃尔·阿伯拉尔在哲学上因何而知名？

皮埃尔·阿伯拉尔是一位法国神学家，著有《基督徒神学》（Theologia

皮埃尔·阿伯拉尔试图用逻辑学来解释基督教的教义。（图片来源：艺术文献库）

Christiana），他在这本书中试图用逻辑学来解释基督教的教条。他卓越的逻辑技巧吸引了来自欧洲各地的学生。他是欧洲第一位对亚里士多德的《解释篇》作出论述的经院哲学家。早些时候，波伊提乌也对亚里士多德的这部著作进行过评论。

阿伯拉尔区分了表达的意义和说话人的意图。他认为说出来的话语不一定是说话者意图的真实体现。话语的意义只是句子传递出来的信息，但是这并不一定是说话者的想法。这种区分对当代语言学家来说仍然很有意义。

迈蒙尼德

 犹太哲学家在中世纪的思想中占据怎样的位置？

摩西·迈蒙尼德（Moses Maimonides），原名摩西·本·迈蒙（Moses ben Maimon），他对后来犹太学术的发展，以及托马斯·阿奎那和其他很多思想家都产生了巨大影响。迈蒙尼德出生在西班牙的科多巴，他极其崇拜亚里士多德。

 迈蒙尼德在学术上的主要贡献是什么？

迈蒙尼德曾经做过医生，并写了10部医学书籍，但是他对犹太教最重要的贡献是他的犹太神学著作：讨论《旧约》中613条法律的《圣诫书》（Books of Commandments）、解释希伯来法典的实用目的的《密西拿评注》（Commentary on the Mishnah），以及构成了14卷犹太法典且至今仍为经典的《密西那一托拉》（Mishneh Torah）。对西方哲学影响最大的是他的《迷途指津》（Guide of the Perplexed）。

 为什么迈蒙尼德的《迷途指津》仍然被视为伟大的哲学著作？

迈蒙尼德撰写《迷途指津》是为了给当时那些纠结于古希腊的科学和宗教问题的人们指点迷津。他似乎想告诫读者，不必放弃自己的宗教信仰就能够理解哲学。一些读者在理解迈蒙尼德的推理上可能存在一定的困难，为了照顾这些人，他故意把亚里士多德学派的观点分散到全书的各个部分，而没有把这些观点集中在一起。他提出一个观点后，总是附加讨论一下相反的观点。也就是说，迈蒙尼德帮助那些在理解上存在困惑的人的方法是先让他们更加困惑。但是，由于迈蒙尼德处理困惑的手段如此与众不同，所以《迷途指津》在学术上一直备受争议。

 迈蒙尼德在《迷途指津》中指出了哪些困惑？

第一，可能也是最重要的一点，《迷途指津》提出了"人们关于上帝能够知晓什么"这一问题。根据从阿维森纳（Avicenna）那里继承下来的否定神学的理论，关于上帝，我们不能知道任何肯定的事情，因为人类所经历的存在没有共同点，上帝也不存在于人类的经验中。我们所能够知道的，只能是上帝不是什么（否定神学这一教义认为，上帝是不能够被人类认识的）。

迈蒙尼德的《迷途指津》一书的封面，这本书试图调和宗教与哲学的关系。（图片来源：艺术文献库）

第二，犹太教上帝的观点与亚里士多德学派哲学上的上帝的观点是矛盾的。在哲学上，上帝是智慧，但是在宗教看来，人们无从得知上帝是什么。迈蒙尼德在下文中总结了这个问题，并得出了他自称的"非常可耻的结论"。

有智慧的人都知道神在任何方面都是完美的，但是他们认为神不能创造出任何事物的新形式。比如，如果神想把苍蝇的翅膀变长，或者把虫子的腿变短，这都是不可能的。但是亚里士多德不希望神那样做，也不会希望某物变成不同的模样。这一点对神是否完美没有什么影响，但是从某种角度来说，这说明了神是有缺陷的。

第三，迈蒙尼德否认了亚里士多德学派关于"世界永恒"的说法。虽然他自己没能提出合理的证据来说明他的观点，但是他也并没说在这个问题上宗教是绝对正确的。

哲学家们为什么喜欢迈蒙尼德？

在哲学家们都惧怕遭到宗教权威迫害的那个时代，迈蒙尼德在宗教环境下捍卫了哲学思想的正当性。迈蒙尼德在调和亚里士多德哲学（当时人们的理性思维能够得出的最好结论）与宗教的关系时提出了一些问题，这也为宗教本身提出了相关的哲学问题，比如知识的局限、理性穷尽时将会怎么样等。换句话说，我们应该说理智的局限就是人类知识的局限，还是应该把理智的界限拓展到宗教信仰和顿悟的领域中呢？严格地说，这些问题也是我们应该怎样看待宗教的问题。

在中世纪这个宗教盛行的时代，哲学家们受到了限制，他们必须首先承认上帝是存在的，而且上帝是善良的。但是哲学家们总是想突破知识的局限，寻找确定的真理。迈蒙尼德把亚里士多德塑造成了哲学的化身，这样他就能够巧妙地提出这样一个问题——理性是否能够同时在犹太教的上帝和基督教的上帝面前证明信仰。

要知道，这样的问题如果不是借着哲学权威亚里士多德的名义提出，那么提问者可能被逐出教会或难以生活，甚至会被处死。在那个宗教盛行的时代里，哲学家们并不是傻子。他们显然要效忠于各种神学制度和领袖，这些领袖控制着欧洲和中东地区的社会、政治和经济生活的各个方面，还支持自己的宗教教派。

托马斯·阿奎那

 托马斯·阿奎那是谁？为什么说他是中世纪最伟大的哲学家？

托马斯·阿奎那出生在意大利南部。他在本笃会修道院学习神学，又在那不勒斯大学学习人文艺术和哲学。他在年仅20岁时就加入了多明我会。他后来在巴黎学习神学，在1256年获得了博士学位，并在那里任教至1259年。此后他在罗马附近的多明我会修道院讲授神学和哲学，后又返回巴黎。1272年，他在那不勒斯教书。阿奎那在去法国里昂教会的路上去世，去世的地点就在他的出生地附近。

在他1252年至1273年的教书生涯中，阿奎那撰写了大量的著作。他清晰地解决了长期以来在解释亚里士多德时遇到的问题，明确地划分了基督教神学和哲学的界限，并且说明了两者在很多问题上是如何相互兼容的。

托马斯·阿奎那有哪些主要作品？

阿奎那一生中撰写了大量著作，包括对亚里士多德的评论、对大阿尔伯图斯（Albertus Magnus）讲学的报告、对彼得·隆巴德《语录集》的评论，以及很多哲学论文，如《论存在者与本质》（On Being and Essence）、《论自然法则》（On the Principles of Nature）、《论独一理智：驳阿维洛伊主义者》（On the Unity of the Intellect against the Averroists），但他最著名的作品要数《反异教大全》（Summa against the Gentiles）和《神学大全》（Summa on Theology）。

 阿奎那的主要原创观点有哪些？

虽然托马斯·阿奎那深受亚里士多德学派、斯多葛学派、新柏拉图学派及圣奥古斯丁的影响，但是人们认为他解决以往的哲学与基督教神学之间问题的手段还是非常特别的。他的许多解决办法都比较温和，但却没有在思想上作出妥协。比如，他对"一般概念"（即普遍名称是否能够为实际存在的普遍事物命名）的看法，被称为"温和相对主义"。阿奎那不相信存在普遍事物及其普遍真理，但是他又创造了一个人类思想之外的普遍事物及其普遍真理的基础。这个基础就是同一种类的不同事物常常以这个种类来命名（比如，各种猫都可以被叫作"猫"），它们之间确实存在相似之处。我们无法判断这种解决办法是否只是重述了原来的问题，但它确实为许多人提供了新的视角，让他们能够从新的角度去理解一个旧问题。

托马斯·阿奎那坐在亚里士多德和柏拉图之间。现在人们仍然将阿奎那视为哲学史上最伟大的人物之一。（图片来源：艺术文献库）

阿奎那能够解决信仰与理智之间的冲突吗?

托马斯·阿奎那把信仰重新定义为一种知识,而不是某种特殊的感觉或者思想态度。在这个前提下,他说信仰介于观点和科学知识之间。信仰高于观点,因为信仰包含着更高程度的认同。信仰又低于科学知识,因为它缺乏可以达成共识的事实性证据。

阿奎那认为哲学是基于现存知识和经验的一种理性,它可以引出新的知识,他将其称为"发现之旅"(the way of discovery)。他认为哲学还是把信仰还原为基本规则,从而用理智来证实信仰的过程,他把这叫作"还原之旅"(the way of reduction)。如果人们开始的信念是建立在信仰的基础之上的话,那么哲学就变成了神学。神学有两种:一种是《圣经》上的真理,另一种是在宗教原则基础之上的解释或形而上学。

尽管阿奎那赋予形而上学以神学色彩,但是他还是把哲学和神学做了区分。比如,在《论世界之永恒性》(*De Aeternitate Mundi*)中,虽然他持有宗教的观点,认为世界不是永恒的,但是他还说,按照哲学的推断,世界有可能是永恒的。总的来说,阿奎那认为除了宗教顿悟以外,我们可以通过感觉经验和对感觉经验的理解来获取知识。

阿奎那真有制造老鼠的秘方吗?

像他同时代的很多人那样,托马斯·阿奎那相信昆虫和寄生虫的"自然发生说"(spontaneous generation)。该学说认为生命可以不通过母体而直接存在。这种生物学神话可以追溯到亚里士多德时期,而且奇怪的是,如果你仔细想想,这还是经验主义的观点。比如,苍蝇似乎是突然从腐烂的垃圾中飞出来的。人们用了很长时间——直到17世纪——才明白,苍蝇其实是母蝇产下的卵孵化出的蛆虫变的。

阿奎那认为,由于恶魔的影响,昆虫产生于污秽之物,但是老鼠的产生却取决于星辰位置的变化。阿奎那甚至还有一个秘方来证明老鼠的这种生产方式:把一些破布和小麦放在抽屉里,在一段时间之内不要动它们(以便在足够的时间里,星辰能够对它们产生影响),过一段时间以后再去看。在这个问题上,还是存在粗浅的经验主义问题。如果某个房子里有老鼠,居民一般看不见老鼠的繁殖,更不看见母老鼠筑巢、产仔。如果这发生在一个不被人注意的抽屉里,那么当人们突然打开一个原本只有破布和小麦的抽屉,却突然发现一堆粉红色的老鼠幼崽的时候,一切就都明白了(如果你想要在家里试试,不一定需要小麦——尽管老鼠妈妈很喜欢小麦)。

阿奎那对科学持有怎样的看法？

托马斯·阿奎那接受亚里士多德学派的观点，认为每个事物都有自己合适的位置。他提出的宇宙观是地球是一系列同心球体的中心。他认为科学结论需要得到判断和衡量，所以所有的发现和报告都应该经过仔细的考虑和比较。他还认为科学知识应该被更新和修订，这是现代经验主义的重要原则。

 阿奎那怎样看待灵魂？

托马斯·阿奎那对人类感官、智力、意志和情感等方面的知识进行了深入细致的研究，认为人类是所有这些因素（或者叫作"力量"）的结合。简单地说，肉体是人类的物质基础，而灵魂或"形式"是人的本质。灵魂可以理解普遍真理，可以施加自由意志，这就证明了其非物质性。灵魂的本质就是其精神性。因为灵魂不能被分割，所以它不会被腐蚀，因此是不朽的。另外，由于灵魂不能够被分割，所以它也不具有生物遗传性，它是在人出生的时候由上帝直接创造出来的。这种上帝的干预赋予了人类繁衍的生物过程以神圣和尊严，也使婚姻更加神圣。

 阿奎那为什么被天主教徒称为"天使博士"？

托马斯·阿奎那被称为"天使博士"（Angelic Doctor），因为他认为世界上存在比人类的智力和能力更高的存在。这种存在位于宇宙的最高层面，它们的数量是有限的，但是纯精神之物。这些存在就是天使。

 在非宗教意义上，阿奎那对形而上学做出了怎样的贡献？

托马斯·阿奎那对于"存在意味着什么"这个问题非常感兴趣。他试图把现实当成一个整体来理解，并想用最终原因解释所有的人类经验。关于形而上学对非实体物质的看法，他说："虽然这种科学考虑了这些事情，但是它并没有把每一件事情都视为其研究的对象。其研究对象是一个整体。"从字面上来理解，这就是说形而上学是超验于宗教的，因为宗教上的实体是存在的，而它们的存在就是最广泛的哲学研究的对象。从形而上学的角度上讲，阿奎那认为每个存在都是不同而且不可分割的，具有意义，每个存在都有其好的方面。

阿奎那区分了事物的本质和事物的存在。我们不需要考虑事物的存在就能够得知它们的本质，但是我们需要经过判断才能得知事物是否存在。

中世纪其他的一些重要哲学家

 约翰·邓斯·司各脱的作品和托马斯·阿奎那的作品有什么不同？

约翰·邓斯·司各脱并不反对阿奎那，但是他将奥古斯丁的思想引入了以亚里士多德为主导的哲学和神学对话之中。司各脱还借用了阿维森纳关于统一的存在的思想，提出上帝是一种无限的存在，在这里，他结合了摩西·迈蒙尼德对上帝"自有永有"的描述。

约翰·邓斯·司各脱曾在英国牛津、法国巴黎和德国科隆讲学。他说上帝在创造人类的时候，给每个人都赋予了不同的个性，即"此性"（haecceity）。司各脱认为理智是人的意志而非智力，因为意志可以驱使某事向某方面或者相反的方面发展。意志既有对幸福和自我实现的智力渴望，也有基于事物内在价值的爱欲。意志的这些特点会使我们热爱上帝，既因为上帝有自身的优点，也因为他是上帝。邓斯·司各脱还介绍了"智力直觉"（intellectual intuition）这个概念，它指的是一种直觉，能够使我们具备确信自己想法的能力，并在来世直接面对上帝。

约翰·邓斯·司各脱重新介绍了奥古斯丁和阿维森纳的作品，这就深化了托马斯·阿奎那之后的哲学讨论。（图片来源：艺术文献库）

大阿尔伯图斯是谁？

大阿尔伯图斯是一位德国神学家，也是一位孜孜不倦的哲学家。他不仅是巴黎大学的神学大师，还是一个反对犹太圣书《塔木德经》（Talmud）协会的成员。他在哲学上的主要贡献在于他对亚里士多德的评述。在亚里士多德的观点与基督教不一致时，大阿尔伯图斯不同意亚里士多德的观点，他会纠正亚里士多德，并用不同的观点来代替亚里士多德的论述。他的物质世界观是建立在占星术的基础上的。比如，他认为木星和土星的影响增大时，会导致大火，而当它们的影响减小时，会引发洪水。

大阿尔伯图斯是一位神学家、哲学家，他更加赞成天主教会的观点，而不是亚里士多德的观点。（图片来源：艺术文献库）

 ### 奥卡姆是谁？

奥卡姆（William of Ockam）被称为"无敌博士"（More than Subtle Doctor），他是天主教方济各会的僧侣。他曾在牛津大学学习神学，有很强的逻辑能力，这也许是他具备深刻的经验主义见解的原因。经验主义并不依赖神学，并没有被中世纪的经院主义哲学家们所广泛接受。当然，"奥卡姆的剃刀原则"（Ockam's Razor）——如无必要，勿增实体——并没有被人们接受。"奥卡姆的剃刀"是一种理论构建中的最简化原则，反对对数据或者现象做过多的解释。

奥卡姆的经验主义还适用于普遍事物，他否认真实的存在。他说唯一真实的存在就是现存的事实。他认为普遍事物是概念的代名词，这被称为"概念论"（conceptualism）。他认为在自然界中没有受意志支配的因果关系，这就意味着连上帝也不能干预自然法则，但是奥卡姆认为上帝可以干预人类的认知。

奥卡姆的思想起初是否被人们接受？

约翰·勒特雷尔（John Lutterell）是牛津大学前名誉校长，他从奥卡姆的作品中总结出50多条异教学说，并将它们交给了教皇约翰二十二世（Pope John XXII）。因此，奥卡姆被叫到了法国阿维尼翁的教皇委员会，当时法国的红衣主教取代了罗马主教的位置［这段罗马教皇被迫转移的时期在历史上称为"巴比伦之囚"（Babylonian Captivity）］。虽然奥卡姆没有受到指控，但是他的51部作品被禁，在阿维尼翁期间，奥卡姆对教皇给予方济会的特权进行了调查。奥卡姆得出的结论是，教皇约翰二十二世"不是真正的教皇"。

奥卡姆在得知教皇约翰二十二世对自己的著作下了禁令之后，便跑到反对教皇的巴伐利亚摄政王那里寻求庇护。奥卡姆在巴伐利亚期间，教皇宣布将他逐出教会。那时巴伐利亚"黑死病"猖獗，人们认为奥卡姆最后死于"黑死病"。

文艺复兴的人文主义哲学

 怎样的历史背景推动了文艺复兴人文主义哲学的发展？

文艺复兴的历史时期通常被认为是从1450年到1600年。这段时间是中世纪和现代时期之间的过渡。文艺复兴起源于意大利，其特点是文学、诗歌和绘画的兴趣转向，从关注中世纪生活中主要的宗教事务转向世俗的、可感知的世界。西方世界改变了，其价值观也发生了改变：哥白尼革命使人们彻底重新认识了人类在茫茫宇宙中的位置；科学革命的一些探索逐步展开；国家政权的种子在人们的思想和行动中萌芽；欧洲人去亚洲、非洲、美洲寻求探险，科技和财富的大航海时代拉开了帷幕。文艺复兴期间的所有这些因素开启了哲学的新时代。

 马尔西利奥·菲奇诺对文艺复兴精神做出了怎样的贡献？

1473年，马尔西利奥·菲奇诺（Marsilio Ficino）被任命为牧师，他试图在意大利佛罗伦萨文化生活中心，通过柏拉图主义把人们引导到基督教的道路上来。虽然他是把柏

马尔西利奥·菲奇诺是一位牧师，他通过柏拉图的思想来论述基督教。（图片来源：艺术文献库）

拉图的对话录翻译成拉丁语的第一人，但是他并不是一位纯粹主义者。他还翻译了柏罗丁和其他一些新柏拉图主义者的作品。

菲奇诺认为柏拉图的思想来自埃及一位传奇术士赫尔墨斯·特利斯墨吉斯忒斯（Hermes Trismegistus），菲奇诺也翻译过这位术士的作品。菲奇诺声称宗教和哲学相结合是一种智慧的形式。他自己的著作《论生活三笺》（Three Books on Life）提出了世界灵魂的说法，即世界上的肉体以一种玄妙的方式相连。在人类世界中也存在着类似的关系——"星光体"（astral body）——连接着肉体与灵魂。这种世界与人类之间的并列结构就是灵魂升华和获得世俗美德的原因，实现这样的结构可能还要借助法术。

菲奇诺的世界观和灵魂信仰与亚里士多德派的基督教大相径庭——甚至可能是异端邪说——所以菲奇诺思想的传播即便不能说明正统思想的消亡，至少也能表明文化思想已经产生了重要的转变。

皮科·德拉·米兰多拉是谁？

乔瓦尼·皮科·德拉·米兰多拉（Giovanni Pico della Mirandola）最出名的是他写的《关于人尊严的演说》（Oration on the Dignity of Man），这是他为将要在罗马公开辩论的900篇论文写的序言。教皇委员会审查了其中13篇论文。但是当皮科准备在《申辩篇》（Apology）中为这些论文辩护的时候，教皇依诺森特八世（Pope Innocent Ⅷ）把他的所有论文都列为禁书。

皮科·德拉·米兰多拉因为《关于人尊严的演说》而受到教会的迫害。（图片来源：iStock 图像）

皮科只好到法国寻求庇护，但是他在那里被捕入狱。后来返回家乡——意大利的佛罗伦萨——继续写作。他对菲奇诺的思想特别感兴趣——尽管他在《反占星术的辩论》（*Disputations against Astrology*）中对菲奇诺的一些想法提出了质疑。

皮科的《关于人尊严的演说》被视为文艺复兴人文主义的经典之作。皮科认为人的尊严在于人类在宇宙中的位置。皮科曾说过这样一段著名的话：人类的自由，并不是指人类创造自己或规划自己命运的自由，而是传统基督教定义的能够在善与恶之间做出选择的自由。

 德西迪里厄斯·伊拉斯谟的思想有何哲理？

阿尔布雷特·丢勒（Alberccht Dürer）在1526年的一幅作品中描绘的德西迪里厄斯·伊拉斯谟。（图片来源：iStock 图像）

德西迪里厄斯·伊拉斯谟（Desiderius Erasmus）出生在荷兰，是一名牧师的私生子。由于伊拉斯谟翻译的《圣经》及他的哲学思想，他在整个欧洲都很出名。他是古典时代以后第一位在宗教争论中承认怀疑主义的思想家。他的《愚人颂》（*In Praise of Folly*）重新向人们介绍了一种简单而虔诚的基督教思想。但是当马丁·路德（Martin Luther）在宗教改革运动中寻求他的支持时，他却拒绝了。路德对他提出批评后，他撰写了《论自由意志》（*On Free Will*）来进行回应。在文中，他说人们不可能知道人类没有自由意志，这与路德的观点是不同的。

伊拉斯谟自己并不是哲学家，但是他取笑经院哲学家所关注的事物。后来人们慢慢觉得经院哲学家的思想不那么重要。由于他在教育体系方面对欧洲的影响，希腊语、拉丁语、希伯来语教育得以推广。总体来说，他积极支持批判精神。很多学者认为这种批判精神最后导致了启蒙时期的到来。

托马斯·莫尔对他的乌托邦设想是不是认真的？

虽然托马斯·莫尔爵士（Sir Thomas More）深受德西迪里厄斯·伊拉斯谟对经院哲学思想的嘲笑的影响，但是他最主要的作品《乌托邦》（Utopia）所呈现出的观点却是非常严肃认真的。这部作品成为现代社会描述理想社会的典范。像伊拉斯谟一样，莫尔在古希腊哲学和早期基督教思想中寻求关于人类社会的想法。莫尔从伊壁鸠鲁那里得到灵感，而且和伊壁鸠鲁一样，莫尔经常和与他兴趣相投的人一起寻欢作乐。

《乌托邦》的主要叙事者是拉斐尔·希斯罗德（Raphael Hythlodaeus）。他是一位四处游历的哲学家，喜欢柏拉图、普鲁塔克、亚里士多德等哲学家，以及罗马学者塞内卡、西塞罗等人。乌托邦是一个小岛，那里是一个完全平等的共产主义社会。《乌托邦》反映出莫尔支持妇女权利、传统家庭的思想，他认为人们要借助基督教的美德才能获得幸福。

 托马斯·莫尔为何成为殉道士？

莫尔爵士是受过正规训练的律师，从1517年开始，他为国王亨利八世（King Henry VIII）服务，被任命为大法官。1534年，英国议会通过了《继承法案》（Act of Succession），规定英国王室的继承人应该是亨利八世和安妮·博林（Anne Boleyn）的孩子，这就剥夺了亨利八世以前婚姻中的孩子〔包括伊丽莎白，即后来的女王伊丽莎白一世（Queen Elizabeth Ⅰ）〕的王位继承权。

莫尔拒绝宣誓支持《至尊法案》（Act of Supremacy），该法案肯定了《继承法案》，所以莫尔被关进了伦敦塔。他以叛国罪被起诉，并被斩首。莫尔身在高位时仍然坚持自己的原则。人们认为他拒绝支持《至尊法案》是因为他觉得亨利八世越权。亨利八世首先宣布自己是英国教会的主教，这样他就能够控制教会，以便与安妮·博林结婚。接下来亨利八世还可以干涉王位的继承人选。莫尔在生命的最后时刻说道："我是王国的好仆人，但是我要首先忠于上帝。"1886年，教皇向莫尔行宣福礼，宣布死者已升天。1935年，教皇庇护十一世（Pope Pius XI）宣布莫尔为圣徒。

托马斯·莫尔爵士因反对国王亨利八世为自己牟私利的政策而被处死,后来被教皇称为圣徒。(图片来源:iStock 图像)

为什么弗朗西斯·培根称贝尔纳多·泰莱西奥为"现代第一人"？

贝尔纳多·泰莱西奥（Bernardo Telesio）在意大利帕多瓦大学学习哲学、物理学和数学，26 岁时获得博士学位。他后来的教学活动包括在卡拉法家族的资助下，在意大利那不勒斯与朋友们进行对话。教皇格里高利十三世（Pope Gregory XIII）也请他到罗马去。泰莱西奥最主要的作品是《根据事物的原则判断事物的本性》（ On the Nature of Things According to their Principles ）。

泰莱西奥的创新之处在于，他提出了自然知识应该建立在了解物质的感官信息和冷热力量的基础上。泰莱西奥强调了感官信息，所以人们认为他奠定了严密科学研究的思想基础。在这种科学精神背景之下，很快就出现了弗朗西斯·培根（Francis Bacon）、伽利略·伽利莱（Galileo Galilei）等科学家。但是在自然理论方面，泰莱西奥的观点与新柏拉图主义的观点，区别并不是很大。

根据泰莱西奥的理论，热由天所代表，是生命之源，是生物功能的由来。冷由地球所代表，与热相反。热还散发出"精神"，精神位于人和动物的大脑中，负责预测和接收感官信息。人还具有心灵，它是由上帝创造的，存在于肉体和灵魂之中。万物都有自我防护的本能，这种本能在人类身上的一个体现就是寻求永生。

 圣女圣特雷莎是谁？她有哪些主要观点？

阿维拉的圣特雷莎（St. Teresa of Ávila）在 22 岁时加入了加尔默罗会修女行列。她在那里学习祈祷，一直到她 47 岁。1560 年，她加入了西班牙加尔默罗会修女的改革运动。她的主要著作包括精神自传《生活》（ Life ）、《完美之路》（ Way of Perfection ）、《内部城堡》（ The Interior Castle ）等。她撰写著作的主要目的就是帮助读者接受"三位一体"的信念。

特雷莎认为神秘论是按阶段发展的。在《生活》一书中，她说灵魂就像花园。首先，要除去杂草，要从井中打出水来。在祈祷和冥想的这个最初阶段，感官受到的干扰越少越好。第二个阶段是安静地祈祷，这就像用水车浇水一样。到了第三个阶段，人们进行沉思，这就像花园中流淌的小溪一样。到那时，感官不再正常工作，灵魂想要脱离尘世，与上帝结合。到了第四个阶段，这种结合得以实现。

在《内部城堡》中，特雷莎借用有很多房间的城堡的比喻来描绘沉思。经过 6 个阶段之后，灵魂将可以直接面对上帝。

 为什么说圣女特雷莎是一位文艺复兴人物？

圣特雷莎的作品反映了她的精神发展过程，并且她邀请读者和她一起体验这一发展过程。圣特雷莎不同于圣奥古斯丁，奥古斯丁的忏悔最终集中在上帝和宗教团体上，而圣特雷莎则主要关注个人的心灵和灵魂。圣特雷莎在她的作品中，不断使用感官意象，并将神秘主义的进步与求爱和爱情相比较。这样的做法，在中世纪时期是不能实现的。而且在文艺复兴之前，这种女性特有的哲学思想也难以被表达出来。

第4章
怀疑论和自然哲学

 怀疑论和科学革命之间存在怎样的关系？

在文艺复兴后期，古希腊怀疑论的复兴并非一开始就与科学调查研究紧密联系。怀疑论其实是天主教和新教神学家在宗教改革与反宗教改革时期用来争夺宗教地位的工具，天主教徒也用怀疑论来证实神秘主义和宗教信仰是通往真知的途径。

 怀疑论如何推动宗教信仰和神秘主义之间的争论？

当两种宗教产生矛盾和争议的时候，他们会将怀疑论应用于对方所主张的知识之中。天主教徒和新教徒都借助怀疑论来反驳对方关于上帝的认识。其结果并不是辩驳对方的观点，而是赞美他们各自的信仰。随着双方在宗教怀疑论方面的辩论逐渐消退，提倡观察法和科学法的现代怀疑论开始广泛流行。

 自然哲学家有哪些？

所谓的"自然哲学"就是我们所说的科学。科学革命从伽利略开始，以艾萨克·牛顿告终。在这期间，科学革命的主要推动者被称为"自然哲学家"，他们是同时代哲学家们敬仰的天才。当时，科学调查、关于知识的哲学理论及科学哲学之间还没有明确的界限，直到自然哲学家提出一些发现和理论，才使之有了清晰明确的定义。

> 早期现代哲学、现代哲学与科学革命之间存在怎样的关系？

　　早期现代经验主义哲学主要是随着约翰·洛克和托马斯·霍布斯发展起来的，它直接受到科学革命的启发。弗朗西斯·培根建议科学应该应用于人类的进步事业中，这同时也是勒内·笛卡尔的梦想。然而，托马斯·霍布斯和约翰·洛克对知识都采取了实践和经验主义的态度，这比培根和笛卡尔的观点更接近当时的科学。霍布斯和洛克倡导的这种根植于科学的经验主义，后来由大卫·休谟进一步完善，并由约翰·斯图亚特·密尔编撰整理完成。

 谁是哲学理性主义者？

　　哲学理性主义者相信，存在关于世界的先验知识，或者人的头脑中存在关于世界的普遍真理，而无需经验。与之相反，经验主义坚持认为，我们所有关于世界的认识都基于特定的经验和感觉信息。17世纪哲学理性主义者，如勒内·笛卡儿，他虽然反对经验主义的智力方法，但他仍然将科学纳入了哲学中。笛卡尔在其哲学事业中积极参与科学探索和实验。18世纪末，大卫·休谟的经验主义给伊曼纽尔·康德提出了一个特殊问题，因为休谟对先前的基础理念，如上帝的存在和自然的力量所造成的后果等问题持怀疑态度。在19世纪的现代社会，人们对经验主义的回应体现在格奥尔格·威廉·弗里德里希·黑格尔、弗里德里希·威廉·尼采（Friedrich Wilhelm Nietzsche），以及早期存在主义哲学家，如索伦·克尔恺郭尔（Søren Kierkegaard）的作品中。他们对先验真理和宗教认识的有效性给予了关注。

米歇尔·德·蒙田

 为什么蒙田是个重要人物？

　　米歇尔·德·蒙田（Michel de Montaigne）是位随笔作家，他曾任家乡法国波尔多市的市长。他相信西塞罗的理论学说，并以他的理论学说为基础，复兴了古希腊怀疑论者塞克斯都·恩披里柯的思想。蒙田虽然生活在文艺复兴后期，但他的思想为科学革命和早期现代哲学时期的主流思潮奠定了基础。因此，他在思想和哲学历史上的贡献不仅仅局限于文艺复兴时期。

 信仰主义是什么？它和蒙田怀疑论的论证有哪些联系？

蒙田表明怀疑论是一把双刃剑：不仅用于反驳那些荒谬的主张，而且也用于抨击知识的确定性，其中包括通过感知获得的科学知识和逻辑推理所得出的结论。这使得怀疑论对天主教神学家攻击新教徒的主张非常有用，反之亦然。现在我们认为怀疑论者就是那些要求任何主张和判断都具有严密科学证据的人。通常情况下，怀疑论者不会轻易相信任何事。然而，蒙田告诉我们，即使是最有力的证据，包括感官信息，也是可被质疑的。在他看来，怀疑论者最好去依赖信仰。蒙田的想法不仅仅包括对那些未被证实为确定知识的信仰，也包括不必追求缜密知识而崇尚有信仰的生活。这就是所谓的信仰主义。

米歇尔·德·蒙田展示了怀疑论可以有效地为科学或者宗教进行辩护。（图片来源：艺术文献库）

 蒙田是怎样传播他的思想的？

蒙田采用了间接的方式来阐述自己的思想，那些像他一样具有理性，并在文学、哲学和历史学方面都富有经验的人并不会对此感到惊讶。蒙田翻译了雷蒙·塞邦（Raimond Sebond）的《自然神学》[Natural Theology，又称《生物之书》(The Book of Creature)]，该书创作于1420年至1430年之间。雷蒙·塞邦是一位15世纪的西班牙神学家，曾在蒙田就读的法国图卢兹大学任教。图卢兹大学在课程方面拥有最先进和最人性化的办学理念，鼓励智力的创造性。蒙田最初润色的著作是《雷蒙·塞邦的辩护》(The Apology of Raimomd Sebond)。他的首篇论文论述了感觉和智力认识的不确定性。他的结论是当我们的判断超出经验范围时，应当暂停判断。在得出这个结论的过程中，蒙田讨论了许多与他那个时代有关的意见冲突。

 蒙田还有哪些其他著作？

除了一些怀疑论的著作以外，蒙田还因其《随笔集》（*Essais*）而知名。其中最著名的一篇是《雷蒙·塞邦的辩护》。这些随笔涵盖面广，充满了智慧，内容是关于蒙田本人的，介绍了他的品位、见解和其他大大小小的问题。后来，蒙田向法国国王呈献了他的散文后，便开始游历德国、瑞士及意大利，并在著作《1580年至1581年间途径意大利、瑞士、德国的旅游日记》〔*Journal de Voyage en Italie par la Suisse et al'Allemagne en 1580 et 1581*（*Travel Journal*）〕中记录了他的旅行见闻。蒙田在外交上积极活跃，他努力平息宗教之间的冲突对立，确保纳瓦拉的亨利（Henry of Navarre）登上了王位宝座，成为国王亨利四世（King Henry IV）。如果不是疾病困扰，蒙田很可能会成为亨利宫廷的一员。

蒙田的哪些名言体现了他的智慧？

蒙田的一些思想来源于塞克斯都·恩披里柯，他将这些话语融入自己的研究框架之中。其中他最爱的一句话，也是他的座右铭及他的《随笔》中的名言，就是"我知道什么？"。

以下是从他的散文中摘录的一些名言警句：

"智者向愚人学习的东西多于愚人向智者学习的东西。"
"同一个法官在判决通奸者的判决书上撕下一块纸片，给他的同事的妻子写情书。"
"不要评价你自己，这样你势必会失败，因为如果你贬低自己，别人会信以为真。而如果你赞美自己，别人却不会相信。"
"即便是坐在世界上最崇高的宝座上，我们也仅仅是自己坐在那里罢了。"
"时尚是外表的科学，它激发的是人们模棱两可的欲望，而不是确定的欲望。"
"记性不好的人不要说谎。"
"我要追随真理直到我入刀山火海，但我会尽力灭火。"
"有一些失败比胜利更值得称赞。"

> "与其说是岁月在脸上留下了痕迹,不如说是岁月在心灵上烙下了深深的印记,衰老而灵魂不发出酸味和霉味的人实未曾有,或世间罕见。"
>
> "书给人带来的是潜移默化的愉悦。"
>
> "当我们目睹他人受苦时,即使在同情之中,我们内心深处也会感受到一种难以名状的苦涩与甜蜜交织的恶意快感。孩子们也会有同样的感受。"
>
> "很少有人会受到他们的仆人的钦佩。"
>
> "世界上最伟大的事情莫过于懂得如何能找到自我。"

蒙田提出的"标准问题"是什么?

蒙田极富理论性的论述是他知识理论的核心。所有的人类知识都来自感官经验,但每个人对事物的感知都是不同的,我们都容易受到错觉、梦境和扭曲的感知的影响。基于这些疑虑,蒙田提出了"标准问题"。我们需要有一个标准来衡量以经验为基础的知识是否可靠,这个标准本身需要检测,那么就有必要存在第二个标准,为了测试第二个标准的准确性,就有必要存在第三个标准,以此类推。继蒙田之后,所有的理论和自然哲学家都要回答蒙田提出的如下怀疑论问题:感官信息的不可靠性、专家意见的分歧、在价值观和习俗方面的文化差异、知觉的个体差异性、人类的可能性错误,最重要的是,必须有一个标准,或者中立的准则,来解决分歧。

当提及宗教信仰的时候,蒙田认为理性和信仰哪个更重要?

宗教信念的基础是理性还是信仰?在考虑这个问题时,蒙田认为信仰(即简单的信念)是最好的选择,因为所有的推理都可能被证明是有缺陷的。自古以来,哲学观点便存在冲突,所以提出了"搁置判断"的皮浪的怀疑主义是可以被接受的。即便是在新科学知识中,确定性也是不存在的,因为专家们意见不一,科学知识也会发生变化。

蒙田是唯一一个对理性持怀疑态度的哲学家吗?

不是的。蒙田从塞克斯都·恩披里柯的观点中汲取了营养,恩披里柯认为,在某种情况下，我们甚至都不知道自己是否具有知识。1590 年，《塞克斯都假设》（*Sextus Empiricus' Hypotoses*）已被译成拉丁语、希腊语和英语出版。皮浪的怀疑主义到了公元 3 世纪的时候逐渐消亡。在蒙田之前，德西迪里厄斯·伊拉斯谟也提出了怀疑论，他在《判决之书》（*De Libro Arbitro*）中，基于信仰捍卫了天主教，因为神学争论尚无定论。马丁·路德根据自己的良心和《圣经》，对伊拉斯谟进行了回应，他认为上帝一定是存在的。

教条主义是什么？

教条主义认为世界上至少有一件事情是我们可以绝对确定地知道的。

天主教教徒对马丁·路德的教条主义作何反应？

天主教教徒的回应就是他们质疑路德是否真的具有什么知识，他们还强调了基督教信仰的重要性。1596 年，亨坦·埃尔韦（Gentain Hervet）出版了《塞克斯都假设》来挽救教条主义，有助于在教会的耶稣教义中树立宁静的信心。葡萄牙的哲学家兼医生弗朗西斯科·桑切斯（Francisco Sanchez）的著作《不为人知》（*Quod Nihil Scitur*）发展了皮浪怀疑主义，并用它来批判亚里士多德的学说。（虽然他在唯名论的论据中结合了经验观察，却导致他得出了这样的结论：知识本身无法获得。桑切斯的观点更接近于柏拉图怀疑论，而不是皮浪怀疑主义。）

学院派怀疑论和皮浪怀疑主义是什么？

在文艺复兴和古希腊思想早期复兴时

哲学家弗朗西斯科·桑切斯的肖像被描摹在 1979 年的葡萄牙钞票上。（图片来源：大图片文献库）

期，学院派怀疑论认为不可能获得知识，而皮浪怀疑主义则认为我们没有足够的证据来确定是否可能获得任何知识。皮浪怀疑主义的结论是，所有关于知识的问题上的判断都应被搁置。

 皮浪怀疑主义对知识的不可能性感到焦虑吗？

不。皮浪怀疑主义者认为自己不是站在反对方的立场上，而是处于保持心神安宁、和平的精神状态下。皮浪怀疑主义能够治愈教条主义，在教条主义中，人们捍卫着没有证据的真理，由此引发了痛苦。公元3世纪的皮浪怀疑主义者将这一过程组织成两组、五组或十组比喻（tropes），每一组都提出了如何搁置对超出表象的事物的判断。

 皮浪怀疑主义比喻是什么？

皮浪怀疑主义比喻是怀疑论者认为人们对其持不同意见的典型知识主题。

 皮浪怀疑主义如何缓解教条主义？

他们的想法是，一旦他们发现任何有争议的主张，便可以通过赞成和反对的理由和论据来平衡，没有任何理由去相信一方或另一方的言论。这应该会让人冷静下来，这是教条主义所不可能达到的。

 皮浪怀疑主义如何影响早期现代自然哲学？

如果世界上没有确切的知识，那么"感官知识"（sense knowledge）的不确定性就会成为唯一可供了解世界的知识。现代自然哲学，或现代科学，就是基于这样的原则，即感官知识是关于世界的所有知识的基础。

 感官知识是什么？

感官知识是通过我们的感官，如视觉、触觉、听觉等所收集来的信息。

 谁是现代科学开端时期感官知识的主要维护者？

让·博丹（Jean Bodin）和皮埃尔·勒洛伊耶（Pierre le Loye）在1581年至

1605年期间提出了支持感官知识的观点。他们认为，虽然感官知识有时不可靠，但可以通过进一步的感官体验纠正错误。到了17世纪20年代，两位在科学界和知识界极富影响力的神父，马林·梅森神父（Marin Mersenne）和皮埃尔·伽桑狄神父（Pierre Gassendi）用皮浪反对亚里士多德的论据去反对玄学主义和占星术。

 玄学主义是什么？

有时人们认为但丁为玄学主义的创立提供了灵感。（图片来源：iStock 图像）

玄学主义发展于基督教炼金术的秘密实践，它致力于帮助人类获得精神上的进步。炼金术的行为不会公之于众，也不会通过其他途径为普通公众所知，但是人们认为它涉及古代的新柏拉图主义、炼金术及一些治疗病人的方法。一些人认为，玄学主义是在14世纪早期但丁撰写了《神曲》开始的。其他一些人则认为是17世纪早期的一群德国新教徒创造的。促进15世纪炼金术发展，并传阅整个欧洲的三部著作被人们称为"人类的普遍革命"（The Universal Reformation of Mankind），它们分别是：《玫瑰十字兄弟会传说》（Fama Fraternitatis Rosae Crucis）、《兄弟会告白》（Confessio Fraternitatis）和《1945年基督徒罗森克罗伊兹的化学婚礼》（Chymische Hochzeit Christiani Rosencreutz anno 1459）。

 17世纪初继蒙田之后的"自由思想者"是谁？

蒙田之后的"自由思想者"结合了皮浪怀疑主义和反亚里士多德主义，反对宗教正统思想和传统权威。

当时最著名的自由思想者，有加百列·诺德（Gabriel Naude）、居伊·帕坦（Guy Patin）、弗朗索瓦·德·拉莫特·勒瓦耶（Francois de la Mothe le Vayer）、皮埃尔·伽桑狄及艾萨克·拉·培伊埃尔（Isaac la Peyrère）。诺德和帕坦是人道主义者，他们对科学知识不感兴趣。而勒瓦耶则用怀疑主义去削弱科学知识。在这些人中，只有伽桑狄对"自然哲学"（即我们今天所说的科学）和哲学本身产生了深远影响。

 反亚里士多德哲学是什么？

数百年以来，天主教的学者毫不怀疑地接受中世纪时期人们对亚里士多德的解读。反亚里士多德哲学反对这种做法。

 皮埃尔·伽桑狄是谁？

皮埃尔·伽桑狄是一个天主教牧师，他对判断宗教教条主义的实证科学具有极高的影响力。他曾在迪涅（Digne）和艾克斯（Aix）学习，并在21岁时成为修辞学教授。他在法国阿维尼翁获得了神学博士学位，并在担任了牧师之后，在艾克斯成为哲学教授。他也从事天文研究。1625年，他发表了《针对亚里士多德的训练方法》（Exercitationes Paradoxicae Adversus Aristoteleos），他认为在亚里士多德的著作中存在可疑和错误之处。他对亚里士多德的抨击主要集中在质疑某些科学知识的可能性。伽桑狄反对亚里士多德的论断，他认为在科学中，确定性既不可能，也不必要。与此同时，他努力反对教会的教义，捍卫了原子论。伽桑狄研发出了著名的缓和或适度的怀疑主义，从而支持了科学探究的结论。

> **皮埃尔·伽桑狄对知识的本质和局限的折中观点怎样推动了科学的发展？**
>
> 伽桑狄在没有破坏宗教核心信仰的前提下，展示了科学是如何发展的。如同他同时代的怀疑论者一样，伽桑狄也相信上帝。科学可以与宗教共存，因为科学不必像宗教那样去宣扬绝对真理。

 皮埃尔·伽桑狄为什么宣扬缓和怀疑论？

皮埃尔·伽桑狄和他的同事认为当时的新科学具有很高的价值。这些新革命包括哥白尼革命后提出的"日心说"（太阳中心论），还有认为一切物质的活动都是由最小粒子——原子——决定的原子论观点，以及亚里士多德思想中不符合这些观点的部分。伽桑狄借用怀疑态度反对亚里士多德,并用适度怀疑论来支持新科学,因此,他的观点显得非常合理。在天主教会成员及当时一些更极端的怀疑主义者中,伽桑狄极受欢迎和赞扬,而且他做事总是小心翼翼,避免与教会的教义发生冲突,这些对伽桑狄的事业有很大帮助。实际上,一方面捍卫新的科学,另一方面坚持没有确定的科学知识,这样,伽桑狄就能在传统的天主教世界和新科学这两个世界中生活和思考。

皮埃尔·伽桑狄所解释的缓和或适度怀疑主义是什么?

皮埃尔·伽桑狄认为无法在科学中发现真理的确定性或必然性。(必然真理体现为某种信念或者状态,可以用逻辑上的自相矛盾去否认——必然真理一定是真的。)伽桑狄认为,我们知道的所有事情的出现方式并不是它们存在的方式(换言之,我们无法知道事物隐藏的品质)。如果我们没有亲身经历过可以作为原因的事件,我们将不能从导致我们获得经验的事件中得知这些原因。因此,如果我们经历了一些事件的结果,但不是原因本身,我们必须承认我们不知道其中的原因。然而,我们可以开发一些关于外观的有用信息,尤其是如果我们用原子论作为假设来丰富这些知识。

在《结构哲学主义》(*Syntagma Philosophicum*)中,伽桑狄问道,是否有分辨真理与谬误的确定标准。显然,即使对于怀疑主义者来说,有些事情也是显而易见的,如太阳在照耀。真正困难的是那些隐蔽的事物。例如,星星的总数是奇数还是偶数?这样的事人们永远不会知道。但是,还有一些不明显的事物,我们可以通过"符号"获得一些信息。例如,我们所感知到的汗水是我们皮肤存在毛孔的"符号"。还有一些事物本身并不明显,但是我们可以通过一些暗示性的信号感知,比如隐藏的火是我们所看到的烟雾产生的原因。虽然我们不知道原子世界的存在,但是我们可以从确实察觉到的暗示性符号来推断。伽桑狄认为推测原子的性质,比如他主张原子如同数学一般精确,这是一种不必要的形而上学。他也坚持认为原子不适用于解释人类的灵魂。他认为如同天主教教义所讲的那样,灵魂是不可分割且不朽的。

其他的哲学家和科学家对皮埃尔·伽桑狄的观点作何反应?

让·德·西隆(Jean de Silhon)和勒内·笛卡儿提出积极的知识主张来避开伽桑狄的怀疑论。西隆认为,知识可能存在于逻辑学与科学之中。笛卡儿的全部哲学都建立在这个基础之上,他试图证明与教会教义不冲突的科学知识是存在的。最后,伽桑狄所坚持的确定性不可能的观点得到了耶稣教会的支持，笛卡儿受到了谴责。

科 学 革 命

 科学革命从何时开始，又是如何发生的？

　　15—16世纪，哥白尼提出了"日心说"。在此期间，人们也重新发现了古希腊的原子论，科学革命便开始了。但直到17世纪末，艾萨克·牛顿的作品才使得欧洲受过教育的人清楚地意识到，一场成熟的科学革命已经发生。

 科学革命的主要思想是什么？

　　科学革命的一些关键思想和理论包括：地球围绕着太阳旋转、物质由小粒子构成、所发生的每一件事都能通过数学或借助数学来解释、普遍原则或者自然法则必须由观察数据作为支持。也许最重要的是，科学本身是一个会造福人类、令人振奋的活动。

 在科学革命时期，理论和实践的关键人物是谁？

　　科学革命的关键人物是尼古拉斯·哥白尼、托勒密（Ptolemy，他不是科学革命时期的人物，却与科学革命紧密相关）、伽利略·伽利莱、约翰内斯·开普勒（Johannes Kepler）、弗朗西斯·培根、罗伯特·波义耳及艾萨克·牛顿。

 科学革命的主要哲学角度是什么？

　　从纯哲学的角度来看，几乎所有自然哲学家的作品都对新柏拉图主义思想产生了重要的影响（从意大利文艺复兴时期的思想家到哥白尼，再到牛顿），科学革命可以被视为一次对亚里士多德主义的持续反抗，进而回归柏拉图主义。

　　但情况比这更复杂。亚里士多德哲学直接与天主教会的权利相关。教会的权利在宗教改革和反宗教改革运动中受到了极大的削弱，就像它的权利在哲学圈中被削弱一样。结果是，在科学和科学哲学的历史上，新柏拉图主义形而上学复兴的影响是相对短暂的。在理性主义或18世纪启蒙时代，实践理性和世俗理智开始构建西方的开明世界观。

科学革命的革命性何在？

科学革命的革命性在于它强调客观性，即客观地观察事件发生的自然原因。许多新发明，如望远镜、显微镜、温度计、气压计、空气泵、电荷检测器等都辅助了人们的这种新尝试。客观性原则在发现、观测和实验中起到了重要作用。实验可以重复以便进行验证。（然而，需要承认的是，重要的实验需要可靠的见证者，这些见证者通常是具有很高社会地位的人。）

由于数学追求可量化的精确测量和描述，因此它永远是科学的一部分。但是由于前苏格拉底哲学家们已经寻求了自然事件的自然主义解释，强调了数量的重要性，所以在这些方面，科学革命并不新颖。然而早期的现代客观方法强调创新。正如20世纪科学历史学家和哲学家托马斯·库恩（Thomas Kuhn）所指出的那样，经典的古代科学是天文学、静力学（身体静止状态或力量均衡）和光学，这些都与数学、音学有关，因此，这些领域的一个进步会导致其他学科的进步。到了16世纪，地理运动被纳入了数学科学。

17世纪，人们对数学科学进行了修订，增加了解析几何学、微积分、新的定量运动定律、关于视野和折射及色彩的新理论、以静力学研究为基础发展的气体力学（对空气、液体和气体的研究）。库恩认为亚里士多德和中世纪哲学家也懂得观察和实验的重要性。真正新的事物不是增加了新领域或是惊人的新发现，而是观念的更新，即用新的方法看待旧的事物。

所有人都认为科学革命可以造福人类吗？

很少有人能否认对自然界进行客观、事实性的理解的价值。基于这些理解而发展的现代科技可以帮助人类延长生命，给人们带来情感的安慰，促进人与人之间的联系和交往。还有人认为知识应该是开放的，科学是可以被修订的，这可以追溯到早期的皇家学会。然而，在20世纪下半叶，历史学家和文化评论家对早期现代科学的客观性和价值提出质疑。例如，考虑到实验的高度价值性，人们发现伽利略和波义耳的实验结果是通过事实推导而来的，而不是通过他们的直接观察得来的。牛顿的运动三定律并不是建立在实验数据的基础之上的，而是从抽象理论中推导出来的。

在文化方面，弗朗西斯·培根的观点基于这样的假设：地球和地球万物都是供人类操控和使用的原材料。这种假设没有意识到自然本身具有价值。此外，一些女性主义批评家认为科学革命从根本上脱离了古代和中世纪的观点，该观点认为地球是一个有生命的有机整体，是所有生物的母亲。他们认为这种观点的转变把攻击和暴力，而不是和谐和关爱，视为美德。许多诸如鞣制、染色和酿造的手工艺，尤其是助产术，都与妇女紧密相关。但是基于"更加科学"的原则，男性接管了这些行业，并使这些行业脱离了私人家庭而存在。

 关于哥白尼的生活人们知道多少？

尼古拉斯·哥白尼生于普鲁士的托伦（现波兰境内）。他先后在波兰的克拉科夫和意大利的博洛尼亚和帕多瓦大学学习人文学科、教会法规及医药学。他30岁时获得了费拉拉大学的基督教教会法博士学位。他的叔叔，埃尔姆兰（Ermland）主教，帮助他在1497年成为波兰费和琅堡大教堂的教士，同时哥白尼还担任他叔叔的医生。

哥白尼担任教士期间，他的工作包括文件整理和教堂资产管理。他精通希腊语，并能把拜占庭诗歌翻译成拉丁语。他也有丰富的经济学知识，并逐渐对天文学和数学产生了浓厚的兴趣。

他在天文学领域所做的观察和提出的微积分使其闻名于世，1514年，教皇利奥十世（Pope Leo X）请他帮忙改革历法。哥白尼却拒绝了，因为当时人们还不具备足够充分的知识来了解太阳和月亮的运行。但是哥白尼对历法改革做出巨大贡献的这一说法仍然广为流传。

1512年哥白尼开始发展他的理论学说，并通过《短论》（*Commentariolus*）向他的一群朋友描绘了他创造的体系。他的主要著作《天体运行论》（*De Revolutionibus Orbium Coelestium Libri IV*）于他去世的同一年发表。同年，他也为波兰的普鲁士各省留下了关于币制改革的专著《铸币论》（*Monetae Cudendae Ratio*）。该书写于1526年，但直到1816年才第一次印刷，这本著作倡导统一货币、维护货币的质量，并且对贵族铸币的做法提出了控诉。哥白尼深知"格雷欣法则"（Gresham's Law），即劣币会将良币排挤出流通领域。

 哥白尼如何改变了世界？

尼古拉斯·哥白尼创立了"日心地动说"，使人类改变了看待世界的方法。"日心说"认为，地球和其他的行星都围绕太阳旋转。"日心说"取代了托勒密的"地球中心说"，"地心说"则认为太阳和其他行星都围绕地球旋转。

哥白尼在意大利旅行期间，正值古代毕达哥拉斯学说的复兴，该学说强调在自然界各个方面中数字的哲学重要性。随后不久，哥白尼渐渐对托勒密"地心说"体系表示怀疑。托勒密"地心说"体系不像数学那样精确，但是在哥白尼时期，教会却相信托勒密学说，正是因为该学说涵盖了圣经对于宇宙的描述。

哥白尼"日心说"挑战了天主教会关于世界的观点。（图片来源：iStock 图像）

 托勒密关于太阳系的观点是如何被人们所接受的？

大约在公元 127—151 年，亚历山大的托勒密利用观察法和已有的文献，提出了太阳和行星围绕地球旋转的观点，这已成为当时的普遍看法。当时他的著作推翻了希腊阿利斯塔克（Aristarchus）的论著《论日月的大小和距离》(*On the Sizes and Distances of the Sun and Moon*)。阿利斯塔克基于对月球的观察，提出了太阳比地球大得多的观点。意大利锡拉库扎的阿基米德（Archimedes）把数学和观察结合在一起，创立了机械学。据他说，阿利斯塔克认为"固定的恒星天体和太阳保持不动，地球围绕太阳做圆周旋转，太阳位于运行轨道的中心"。阿利斯塔克正确地推测并解释了固定恒星表面的静止性——假设地球是运动的，那么与地球运行轨道的圆周直径相比，恒星之间的距离将会变大。

公元前 2 世纪，巴比伦帝国的塞琉古（Seleucus）支持阿利斯塔克的学说，但是教育界的共识是地球是宇宙的中心，地球可能是天空中旋转的悬浮的球，也可能如同我们所见到的那样，是一个稳定的固体。尼西亚的喜帕恰斯（Hipparchus of Nicaea）在大约公元前130年时，在比提尼亚提出了一种理论，该理论建立在克尼多斯的欧多克斯（Eudoxus of Cnidos）的著作的基础之上。依据欧多克斯和喜帕恰斯的观点，太阳、月球和行星的明显运动是它们存在于与地球同心的水晶球体中的结果，这就是托勒密数学推测的基础。

 托勒密学说仅仅是个宗教信仰问题吗？

不是的，地球是宇宙中心的观点并不仅仅基于宗教信仰。托勒密创立的托勒密学说对描述感觉经验、天文记录及算术有很大的价值，影响了人类上千年。天体的构成比地球复杂得多，它们的运动情况几乎都可以依据托勒密的理论精准预测。托勒密的理论也与当时的自然哲学相一致，认为万物都是由土、水、火和气组成的。然而，托勒密的假说认为地球处于静止不动的位置，需要80个"本轮"（epicycle）来"保全表面"（save the appearances），这就意味着需要新的复杂假设使理论和观察相匹配。

"本轮"是什么？

"本轮"是我们观察不到的，是一种理论上假设的圆周运动。根据这个假设，我们所能观察到的是能够预测的，这就是"保全表面"，或者说理论与所观察到的现象相一致。在托勒密体系中，通过观察月亮、太阳和五大行星的运动，运用80个"本轮"可以计算出它们运转的不同速度和方向，也能解释不同时间段出现的行星和地球之间的距离差异。行星本身是在小轨道上运行的，也会沿着一个更大的圆心轨迹运行。"本轮"和圆心轨迹都在与地球所在平面大致平行的平面上逆时针移动。

 哥白尼如何改变了托勒密体系？

哥白尼提出的体系是地球和所有行星都围绕太阳做同心圆运动。哥白尼进一步将假设的"本轮"减少到34个，仍然可以使之"保全表面"，而且也没有与所观察到的现象相悖。这就转变了从地球到固定恒星的天文参考基本框架。正如他所说：

在固定恒星表面上存在一些物体，正因为如此，它们是不移动的；在真实的宇宙结构中，所有其他星星的运行和位置都是指定的。虽然有些人认为它会以某种方式移动，但是我们的地球运行理论可以证明它为何看起来是这样。移动的天体首先到达土星，完成它若干年的环形线路。继它之后，木星便开始了它12年的循环运动。然后是火星，开始了两年一次的旋转。第4个是年周的循环，地球在其中继续运动，月球轨道作为"本轮"。第5个便是在9个月内运行的金星。然后是排在第6位的水星，进行80天的太空遨游。

哥白尼的结论主要基于数学，他充分利用简易的长期性价值和原理，即"自然总是以简单的方式运行"。有反对的观点认为物体会从运行的地球上飞离出去，而哥白尼的回答是，一个运动着的天空，正因为它如此巨大，它将会比其他物体移动得更快，产生更大的破坏性。

 哥白尼的新理论是纯粹的科学吗？

不是的，哥白尼的天文学观点中带有相当大的神秘主义色彩。请参看摘自《天体运行论》中的两段文字。

最后，我们把太阳作为宇宙的中心。事物的系统进程和整个宇宙的和谐暗示着太阳是宇宙的中心，正如他们所说，"睁开双眼"，我们要面对这样的事实。

以及：

太阳是一切事物的中心。因为在这个美丽的殿堂，太阳处于一个能同时照亮整个世界的位置，谁还会把这盏明灯置于其他的或是比这更好的地方呢？人们把太阳称为"宇宙的灯笼"，这一比喻是再恰当不过的了。"三重伟大"（Thrice Greatest）把它视为能够看得见的神。在索福克勒斯（Sophocles）的《厄勒克特拉》（Electra）中，太阳被称为"全视之眼"。太阳仿佛登上了皇帝宝座，它掌管着行星家族，使行星家族都围绕它旋转。

哥白尼的"三重伟大"是什么意思？

哥白尼提出的"三重伟大"是指赫尔墨斯·特利斯墨吉斯忒斯，即埃及神托特的希腊名字。人们认为他通过新柏拉图主义挽救了艺术和一些秘密知识。

其他人也认同哥白尼体系中的神秘主义这一部分吗？

在16世纪末期，异教徒乔尔丹诺·布鲁诺（Giordano Bruno）在西班牙宗教法庭上被处以火刑，他发展了神秘的哥白尼主义。托马索·坎帕内拉（Tommaso Campanella）在布鲁诺的思想基础上，创作了《太阳城》（City of the Sun）这部乌托邦作品，并阐述了科学和星体魔法之间的结合对人类有很大帮助。

哥白尼学说经得起时间的考验吗？

哥白尼学说认为地球和其他行星都围绕太阳旋转，这一学说至今仍是被广泛接受的事实。尽管一开始，亚里士多德学派和保守主义神学家认为哥白尼学说是荒谬的，但是受过教育的教皇对科学产生了浓厚的兴趣，并认识到了哥白尼学说的解释力量。他们找到"日心说"的忠诚支持者伽利略，要求他更改哥白尼的学说，使之不再与宗教相冲突。

伽利略是谁？

伽利略·伽利莱是意大利的自然哲学家、物理学家和天文学家。他在《两大世界体系的对话》（Dialogue Concerning the Two Chief World Systems）中捍卫哥白尼的体系，其中包括一系列反对亚里士多德天文学的辩论。最显著的表述是天空和地球有同样的运行方式，没有必要假设目的论——或称目标论——的天体运行系统。也就是说，没有必要如亚里士多德那样，宣扬天体的运行是天体努力而为之的结果。

教会对伽利略学说的反应如何？

在至今仍然著名的事件中，宗教法庭命令伽利略公开宣布放弃他的理论，并且在伽利略生命的最后10年将他监禁于家中。在那之前，教会主教贝拉尔米内（Bellarmine）

1983年，伽利略的头像被绘在意大利钞票上，他是一位颠覆了天主教会关于地球在宇宙中位置的观念的科学家。（图片来源：iStock 图像）

花了几年时间努力劝说伽利略妥协。只要哥白尼学说承认其描述的事情不是真理，天主教就不反对。主教对伽利略的一个朋友说，如果伽利略愿意宣称哥白尼学说不过就是"保全表面"，那么就是可接受的。也就是说，只为天文学观察提供一个能够进行逻辑推导的假设，而不宣扬地球是运动的这一事实。虽然开始的时候，伽利略拒绝否认哥白尼学说是对真实天象的描述，但最后他还是被迫这么做了。

 伽利略的贡献不仅仅在于对哥白尼科学和哲学的捍卫，是吗？

是的。伽利略因证明重力和加速度定律而被公认为现代力学的奠基人。他还发现了独立力原理，并创建了一种抛物线弹道理论，该理论通过假设抛物线弧形运动来解释投射物的轨迹。他在科学技术领域的创新包括空气测温器、抽水机，以及用于几何学和弹道学计算的一种类似电脑的东西。在纯科学方面，他发现了钟摆的等时性（等长的钟摆的摆动周期是固定不变的），他还发明了静水天平（在水和空气中能准确称出物体重量的精密仪器）。他借助单筒望远镜发现了木星卫星，证实了月球上存在山脉和太阳黑子。他还更加详尽地描述了银河系。他认为在太阳天体上存在"瑕疵"或者我们所说的"太阳黑子"。

在哲学方面，伽利略坚持认为我们所能观测到的自然世界中的一切现象，都是由完全自然的原因所导致的，但是依据"回溯推论"（retroductive inference），他并不反对假设间接的或观察不到的因素。他的分析方法包括拆分结果，然后在理论上以一种新的方式把它们组合起来，再观察是否与假设的原因相符合。在假设推论形式的范围内，令人惊讶的是，伽利略不愿意通过称哥白尼体系仅仅是假设来安抚教会。在支持科学研究者的过程中，伽利略认为《圣经》不应该只由受过教育的人进行字面上的解释，这就使得教会官员更为气愤。

约翰内斯·开普勒的影响

 约翰内斯·开普勒和第谷·布拉赫是如何帮助完成哥白尼革命的？

约翰内斯·开普勒建构了哥白尼体系的精确数学理论，第谷·布拉赫（Tycho Brahe）完成了测量，并为哥白尼理论体系提供了真实数据。开普勒的理论工作完善了哥白尼体系。他提出关于行星距离的解释，并假定了一种以太阳为中心的驱动力，该力随着距离的增加而减小，为行星运动的原因提供了依据。

 约翰内斯·开普勒的事业如何发展？

开普勒在奥地利格拉茨大学担任数学老师时，钻研天文学，并准备成为一名路德会神职人员。那时数学既包括天文学也包括占星术。1596 年，他在研究哥白尼体系的基础上，发表了《宇宙的奥秘》（Mysterium Cosmographicum），这是第一本全面介绍天文学的著作。

在那个时候，天主教控制着格拉茨地区，而开普勒是一名新教徒，因此他不得不逃出这片天主教管辖的领地。他去了布拉格，著名的天文学家第谷·布拉赫在那里有一座天文台。开普勒为布拉赫的观测结果辩护，反驳了尼古拉乌斯·乌尔斯（Nicolaus Ursus）的攻击，后者称这些观测结果"仅仅是假设"。开普勒认为，除了选择托勒密或哥白尼体系之外，还需要独立的物理解释。开普勒使用第谷的观察数据，随后便开始了关于火星运行轨道的研究工作。第谷去世后，开普勒作为皇家数学老师，完成了第谷研究的所有数据整理。开普勒在1609年发表了《基于因果律或天体物理学的新天文学》（A New astronomy Basedon Causesor Physics of the Sky）。

不久，开普勒离开了布拉格，离开的原因和他当年离开格拉茨一样。他去了奥地利林茨，在那里他研究音乐、神学和哲学及数学（包括天文学）。在 1612 年的著作《哥白尼天文学概要》（Epitome Astronomiae Copemicanae）一书中，他再次强调了因果解释及观察预测在天体运行研究中的重要性。1618 年发表的《宇宙和谐论》（Harmonices Mundi）一书包含开普勒思想的最后阐释。他在书中写道："对于一个读者来说，可能需要等待一个世纪，但对于上帝自己来说，他不得不为这一智慧而等待六千年。"开普勒并不是

第谷·布拉赫通过测算距离来帮助完善哥白尼学说，他为"日心说"模型的建立做出贡献。（图片来源：艺术文献库）

最后一位相信自己了解上帝的伟大天文学家。在艾萨克·牛顿的作品中也体现了相似的观点。

 开普勒因什么而著名？

对于观察到的天体运动，不管是常规运动还是异常运动，都应该寻找其原因。基于这样的原理，约翰内斯·开普勒假设行星和太阳之间有种作用力，就是这种力能驱使行星运动。艾萨克·牛顿向世人展示了惯性使行星运动的原理，从而代替开普勒所谓的驱动力。开普勒最著名的发现，是行星围绕太阳运行的轨道并不是正圆形的，而是椭圆形的。

弗朗西斯·培根和科学革命

 弗朗西斯·培根为科学革命做出了什么贡献？

弗朗西斯·培根系统地研究了实证科学的方法论，并提出了一套方案，说明科学如何能更好地改善人类生活。他提出"知识就是力量"的口号，探索出一种在人们生活中以实践的方式深入发展和应用新科学的方法。他认为人类需要了解自然，并要通过经验来探索"她"的秘密——20世纪的女性主义者指责培根将自然赋予了女性特征，而科学家则肩负着征服的使命，这被赋予了男性特征。

 弗朗西斯·培根的研究《新工具》中著名的新逻辑推理和四种谬论是什么？

在弗朗西斯·培根的著作《新亚特兰蒂斯》（New Atlantis）中，他描述了科学研究的社会性结构。在《新工具》（Nuvum Organum）一书中，他提出一种新的归纳逻辑，取代了亚里士多德的逻辑学和事实的简单集合。其目的是发现真正的自然法则或关于自然方面的可靠概括。

培根因为提出了妨碍人们获得知识的四种假象而著名。第一个是种族或人类思想的自然倾向假象，例如寻找自然的目的或将人类的欲望和需求投射到自然事物和事件上。第二个是洞穴假象，即由于人类受教育程度、社会背景、交际和所支持的权威而产生的个性特质或偏见。第三种就是市场假象，指当词汇本身并不代表现实存在的任何事物时，词汇的意义被人们想当然。最后一种就是剧场假象，是指被广泛接受的理论给人们带来的影响。

 根据培根的说法，一旦这些假象消除了，我们该做些什么呢？

一旦我们的思想从假象中清醒，那么通过试验将会发现事物的因果。弗朗西斯·培根认为依据固定的规律，自然界的一切都是由躯体和物质组成的。这些规律便是物质存在的形式。在探索原因的过程中，我们首先必须寻找那些总是伴随某些其他事物出现的事物。（比如，热量会导致粒子运动。）下一步，我们要探寻这样的案例，当不存在原因时，便不会引发结果。（没有热，便没有粒子的运动）。当我们的研究达到一定程度时，我们必须能够解释这种变化。在可能的情况下，我们应该发明一些仪器来测量所调查到的情况（如果这样的话，可以使用一些仪器，如温度计和气压计仪器）。

弗朗西斯·培根相信科学能极大地帮助人类改善生活条件。（图片来源：iStock 图像）

 培根的影响有哪些？

弗朗西斯·培根认为原因解释是新科学研究方法的基本原理，这个观点在当时被人们普遍接受。在 19 世纪，经验主义哲学家约翰·斯图亚特·密尔重申了在那个时代原因解释作为科学调查基础的地位。培根和其他科学家的志向在英国皇家学会得到了施展。培根的研究方法原理，结合开普勒的椭圆天体运行轨道理论，为艾萨克·牛顿的宇宙基本结构和运动规律的科学体系奠定了基础。牛顿的著作引领了那个时代的科学研究，一直到 20 世纪初期阿尔伯特·爱因斯坦（Albert Einstein）理论的出现。

培根的生活也像他的思想那样直接和清楚吗？

不是的。弗朗西斯·培根的生活非常复杂，他积极参与当时的政治事务，雄心壮志，但仕途迂回曲折。他生于伦敦，并成长为一名绅士。他的父亲尼古拉斯·培根（Nicholas Bacon）是女王伊丽莎白一世的掌玺大臣。弗朗西斯12岁时，被送入牛津大学和剑桥大学深造，在此他结识了女王。据说，15岁时，他得知自己是伊丽莎白女王与罗伯特·达德利（Robert Dudly）秘密婚姻的私生子，尼古拉斯·培根曾是这场婚礼的见证人。

1579年，培根的父亲突然病逝，这就妨碍了弗朗西斯·培根所预期的大量遗产的继承，这使他开始陷入了贫困潦倒的生活。不久他开始攻读法律，在1584年和1586年成为英国议会的议员。他主张处死苏格兰玛丽女王（Mary Queen），她是伊丽莎白王位的天主教竞争者。此后他结识了伊丽莎白女王的宠臣、后来的埃塞克斯伯爵二世罗伯特·德弗罗（Robert Devereux），他后来成为培根的主要资助者。

虽然埃塞克斯在经济上帮助他，但是培根还是申请了一系列高官要职，却都未能如愿。他于1596年获得了女王律师的职位，但是没有工资。1586年，他因欠债而被逮捕。培根积极参与了对朋友和庇护人埃塞克斯的叛国指控调查，埃塞克斯在1601年被判处死刑。在培根45岁的时候，与爱丽丝·巴纳姆（Alice Barnham）结婚，爱丽丝当年仅14岁，其父亲是市参议员，与培根关系良好。

詹姆斯一世（James I）成为国王以后，培根被封为爵士。他忠心地为国王效劳，先后晋升为初级律师和首席律师，并于1618年被封为财政大臣。然而在这期间，他再次陷入债务危机，被国会指控贪污受贿，使他蒙羞。退休以后，他仍然继续学习。60岁时，他的占星师和共济会的朋友为他举行了宴会。著名诗人本·琼森（Ben Jonson）也参加了这场宴会并说道："我热爱这个男人，比起任何事物，我们应该祝他一直保持记忆力。"

1626年，培根与国王的医生一起在伦敦踏雪旅行的时候，他获得了用雪来保存鲜肉的方法。他们立即买来了家禽，宰杀后，培根用雪填充并将其保存起来。后来他患上了肺炎，并吃掉了那只鸡，希望能从中恢复体力，但最终他还是去世了。

 弗朗西斯·培根的作品《新亚特兰蒂斯》是关于什么方面的？

弗朗西斯·培根的作品《新亚特兰蒂斯》于1626年出版，到1670年已经印刷了

10版。这本著作被描述为"所罗门之家"（The House of Solomon），这是试验和观察自然科学的实验研究室，研究项目包括热力、光、零下温度、药物、矿产、天气、飞行器、天文学、动物和农业。36位研究人员和助理们从事科学探索。学者们研读了过去有关科学研究和发明的著作。用3个"自然解释程序"估算所有相关信息，从而创立了公理和原理。

其他人对深入研究弗朗西斯·培根思想起到了什么作用？

塞缪尔·哈特利布（Samuel Hartlib）是一个对科学感兴趣的富有商人，他的作品《著名玛卡里亚国王的描述》（Description of the Fameous Kingdom of Macaria）一书的灵感来自培根的《新亚特兰蒂斯》，书中描述了一个实用学习的中心。哈特利布的朋友威廉·配第（William Petty）是现代经济学的奠基者，他预想开设一个教授人们实践贸易的中心，他首先向罗伯特·波义耳提出了这个建议。伊丽莎白一世的财政代理人于1589年在格瑞萨姆学院教授贸易课程，为威廉·配第的计划提供了理论先例。在那里，教授们向学者、贵族、商人和专业人士传授法律、物理、辩论、神学、音乐、几何学和天文学的专业知识。

"无形学院"是什么？

1645年，罗伯特·波义耳同其他年轻科学家们每周共进午餐，来探讨关于英国和欧洲当前的科学研究新闻。他们称自己为"无形学院"。他们探讨了哥白尼学说理论、威廉·哈维（William Harvey）的血液循环证据、水银气压计实验、磁力研究。英国国王查理一世（Charles I）被斩首后，这个研究小组的成员和他们的朋友们在牛津大学设立学术研究基地，组成了牛津大学哲学协会。克里斯托弗·雷恩（Christopher Wren）于1660年在葛莱兴学院教授天文学，计划组成一个"提供物理和数学学习"的学院。查理二世（Charles II）在一个星期内应允了他们的计划。最初有115名成员，其中1/3是科学家，首任主席是当时著名的数学家布朗克勋爵（Lord Brouncker）。这就是英国皇家自然知识促进学会。在1662年7月15日的会议开幕式典礼上，国王查理二世授予该学院一根银权杖。英国至今仍保留着这个银权杖，它成为科学知识学术独立的象征。

英国皇家学会是怎样形成的?

英国皇家学会是从"无形学院"发展而来的,这个"无形学院"是受弗朗西斯·培根的作品《新亚特兰蒂斯》的启发而建的。

科学家们怀揣怎样的理想促使了皇家学会的形成?

在驳回了亚里士多德学派关于科学的设想之后,皇家学会的成员们开始探寻什么是所谓的"可能性真理"。他们的目标包括形成开明的思想、和优秀的同事达成良好的合作。了解自己不知道的事情和宣称自己做过的事情同样重要。托马斯·斯普拉特(Thomas Sprat)在1667年的作品《英国皇家学会的历史》(History of the Royal Society)中描述了一位大师的美德:自然哲学家从道德结束的地方开始。一个人要从事一项事业,首先有必要先了解自己,保持良好的行为,同时应该谦逊、谦恭、友善,应该渴望寻求知识,也能对他人作出正确的判断。我斗胆地说,他是一个淳朴、勤劳的人,他更有可能成为一名好的哲学家,而不是那些既无法合作,也无法容忍不同意见的高智商、严肃、无礼的智者,与那些胆大傲慢的主张者相比,他们的思想显得如此轻柔、顺从、配合、强大。这些主张者们,他们不会放过任何可以学习的东西;他们总是准备接受和交流观察结果;他们不会鄙视他人勤奋的成果;他们会很高兴看到人类受益,无论是自己还是其他人。

罗伯特·波义耳是谁?

罗伯特·波义耳是英国最富有的科克伯爵(Earl of Cork)的第14个孩子。作为现代化学的奠基人,波义耳把他毕生的精力都投入到科学调查和方法研究上。他很受英国王室的欢迎,同时也是皇家学会的成员之一。但由于他不愿意"宣誓",他没有获得伊顿公学的院长职位。他42岁的时候,受到政治上的打击,退休回到伦敦蓓尔美尔街的家中,继续维持他的个人实验室。波义耳的目标是仅仅用物质和运动来进行解释,从而取代亚里士多德的力学。他也是新原子论或"微粒子论"的拥护者。波义耳的著作有《新试验》(New Experiments)、《关于空气的弹性及其效应的物理-力学新实验》(Physico-Mechanical Touching the Spring of the Air and Its effects)、《怀疑派化学家》(The Skeptical Chemist)，以及《色彩的试验历史》(The Experimental History of Colors)。他还著有宗教小说《美丽纯洁的爱》(Seraphic Love)。

 罗伯特·波义耳的科学受到谁的影响？

皮埃尔·伽桑狄和沃尔特·查尔顿（Walter Charlton）对波义耳有着深远的影响。1656年，查尔顿通过《论原子假说》(A Fabrick of Science Natural, upon the Hypothesis of Atoms)一书，把伽桑狄的思想带到了英国。该书的原子论假说，由伊壁鸠鲁提出，彼得鲁斯·加森杜斯（Petrus Gassendus）修订，沃尔特·查尔顿增补。查尔顿修正了伽桑狄的"灵魂是由物质原子组成的"这一观点。该观点认为灵魂是物质的东西，这与神学家和神职人员的信念相冲突。

 罗伯特·波义耳的原子论是什么？

波义耳认为，物理学、化学、生物学，以及气体和流体研究中所研究的世界上的事物都是由原子构成的。可以用原子来解释和预测我们所能观察

罗伯特·波义耳是一位著名科学家，他发现了体积、压强、气体三者之间的关系定律，并以他的名字命名。同时他也是发明家、神学家和哲学家，是"无形学院"的成员之一。（图片来源：艺术文献库）

到的事物，这些事物的存在是有科学依据的，并不是纯粹怀疑论的结果。伽桑狄认为可以推迟对原子是否存在的判断，但是波义耳却声称通过转换的方法证实了原子的存在。

波义耳转换法是什么？

波义耳指出我们的感觉是有限的，有些事物要通过望远镜和显微镜才能观察到。他认为通过类比法能够扩展感官知识。把原子和微粒子类比为我们所能感觉到的东西，这样人们就能够理解了。原子和我们所能感知到的物体一样，具有它们自己的运动准则。波义耳经过实验研究证实了原子的存在，并做了相关的调查报告，证实他对于气体、固体和热量的预测属实。

英国皇家学会进行了哪些有趣的实验？

前英国喜剧团体"巨蟒"（Monty Python）在皇家学会早期进行的一些调查中可能会狂欢一天。国王查理二世对实验非常感兴趣，他喜欢拿一些荒谬的实验开玩笑。在牛津大学哲学学会——由皇家学会创始秘书约翰·威尔金斯（John Wilkins）主持，威尔金斯是皇家学会秘书，他在《数学奇观》（Mathematical Marvels）中讨论"自然事物具有令人钦佩的能力"——威尔金斯的个人收藏品中，有透明的蜂房，还有透过一个隐蔽的管道"说话"的空心雕像。

人们认为罗伯特·波义耳十分古怪，因为他为自己医治病症，而且还爱好收集医疗处方。皇家学会建立时，炼金术已经不再寻求怎样将普通的金属转变成黄金，而是转为研究如何使用新的方法来延长人类的寿命。尽管如此，1689年，波义耳还是成功地使亨利四世废除了禁止"制造黄金"的法律条款。

玛格丽特·卡文迪什（Margaret Cavendish）于1667年获准拜访皇家学会。人们向她展示了涉及颜色、冷液体的混合、用硫酸溶解肉、称量空气的重量、压平大理石、磁力，以及"优秀显微镜"等内容的一系列实验。结果公爵夫人在她的日记中写道，新科学对于解决社会和宗教问题是没有用的。

 波义耳的唯物主义论意味着他是一位无神论者吗？

不是的。波义耳并不是无神论者。他是一个非常虔诚的新教徒，他详尽地描述了如何使科学和宗教相融合。他发表的主要作品是《基督教大师》（The Christian Virtuoso）和《论自然物的最终原因》（A Disquisition about the Final Causes of Natural

Things）。然而，在他的论文中，他认为在日常的工作中，科学家应该只考虑粒子的第一性质。他的意思是，科学家和普通的其他人不一样，不能只关注颜色、声音、质地和气味。

 第一性质和第二性质是什么？

第一性质和第二性质在科学上的差别证明了随后发展的哲学的重要性。第一性质是指尺寸、形状、质量、运动和数量。第二性质是指颜色、质地、声音和气味。原子的第一性质导致人们能感知到由原子组成的物体的第二性质。也就是说，我们所感知到的世界是由第二性质组成的，第二性质是由物体中的原子和我们感官中的原子之间的相互作用形成的，第二性质，准确地说就是感官感觉得到的那些性质，诸如构成日常经验的颜色、声音、质地和气味等。但是"真正"的世界是由原子组成的。

 艾萨克·牛顿是谁？

艾萨克·牛顿是西方历史上著名的科学家和自然哲学家。教皇亚历山大（Alexander Pope）为他写下墓志铭：

> 自然和自然规律隐藏在人们的视线里。
> 上帝说"让牛顿来吧"，于是一片光明。

牛顿对哥白尼理论、开普勒和第谷·布拉赫的发明和伽利略的发现进行了系统有条理的整理。他将这些成果统一于一个全面的宇宙学体系中，从而支持着未来历时300年的深入研究。他的科学宇宙观为基督教的上帝留下了位置，这在当时非常受欢迎。牛顿的方程式至今仍对地球表面附近中等大小物体的中程运动计算有用。（牛顿的理论对亚原子粒子研究和以光年为单位进行的测量没有用。）

 牛顿在事业上有哪些成就？

牛顿在英国林肯郡出生，就读于剑桥大学，于1665年获得文学学士学位。1665年至1667年期间，由于发生了灾难，剑桥大学被迫关闭，牛顿就在家里独立工作。他发现了二项式定理、微积分原理、现代光的构成原理及万有引力理论的基础。1669年，牛顿担任剑桥大学卢卡斯数学教授,从 1671 年至 1703 年担任皇家学会研究员,此后一直担任皇家学会主席。牛顿的"世界体系",即统一力学理论和机械论发表在《自然哲学的数学原理》(The Mathematical Principles of Natural Philosophy)一书中。

 艾萨克·牛顿因他的科学发现获得了什么回报?

牛顿的生活相当贫穷,家中没有财产,也没有资助人。1695 年,牛顿终于获得了英国皇家铸币所监督这个美差。他凭借着专业知识,掌管着重铸货币这个繁杂工程,效仿 170 年前哥白尼在波兰铸币的经验(重铸货币是指召回所有流通中的硬币,并用新硬币进行兑换。)。

艾萨克·牛顿是当时著名的科学家之一。(图片来源:iStock 图像)

与哥白尼一样,他也从"格雷欣法则"中受益(劣质的货币会将优质货币排挤出流通领域),牛顿知道劣质货币的存在意味着人们要把优质货币贮藏起来。在当时这是一个十分严重的经济问题,因为英国是一个以现金为经济基础的国家,经济交易依靠流通中的自然货币和银质硬币。牛顿的货币重铸政策要求回收所有因金属价值而被剪角的银币(字面意思是围绕边缘剪下的碎片),并重新发行无法剪角的机制币。牛顿还主张将伪造者处以绞刑!

 牛顿的科学系统包括哪些主要因素?这些因素与上帝有何关系?

牛顿使用欧几里得几何学,证实了描述世界系统的数学公理。依据运动三定律,他认为世界是由固体微粒组成的物质所构成的,这些微粒或者静止不动,或者依据三大运动定律运动。牛顿在三大定律之前还加上了注释,阐述了他的整个体系的条件,这包括:绝对时间、绝对空间、绝对地点和绝对运动。(这些"绝对"与爱因斯坦的相对论形成了鲜明对比。）

对于牛顿来说，宇宙本身就像一个从未移动的大箱子。按照牛顿的说法，上帝在他的系统中以多种方式扮演了积极的角色：上帝是整个天体系统的起因；上帝创造了绝对的空间和时间；上帝修正了行星和彗星的不规律运行，否则整个宇宙的和谐便会被削弱。也就是说，牛顿认为在自然界之外不仅存在着上帝这个无形、超常的灵魂，同时上帝也是物质宇宙里真实、实际的统治者和控制者。他写道："世界上诸多事物都与上帝息息相关，从事物的表面现象到人们的言论，当然这都属于自然哲学。"（这是宗教时代的宗教科学。）

牛顿定律是什么？

牛顿因其运动三定律和万有引力定律而著名，定律内容如下：

1. 宇宙中的任何物体总保持静止状态或匀速直线运动状态，直到有外力作用在该物体上迫使它改变原有状态为止。这就是惯性定律。

2. 物体的加速度跟物体所受的合外力成正比，跟物体的质量成反比，加速度的方向跟合外力的方向相同。力＝质量×加速度，即力等于质量和加速度的乘积。

3. 每个动作都存在反作用力。作用力和反作用力大小相等，方向相反。

牛顿的万有引力定律阐述了这样一条定律：宇宙中物体的每一个粒子都以不同方向的力吸引着其他物质粒子，引力的大小与两物体的质量的乘积成正比，与两物体间距离的平方成反比。

 牛顿系统是如何被接受的？

牛顿定律令人敬仰和崇拜。这种反应在一定程度上是因为人们感激他将原子论和哥白尼具有革命性的理论全面地结合在一起。牛顿因其提出的论断始终要忠于论据而著名。他的座右铭就是"我不做假设"。

然而，实际情况并非完全如此。他在注释中假设了绝对空间和绝对时间，他还假设"远距离作用"的力。他也假设了上帝的存在。在牛顿是否是经验主义者这个问题上，牛顿的经验主义立场占了上风。例如，他认为当显微镜足够强大时，人们总有一天能够观察到原子的存在。

牛顿的著作几乎立即被翻译成了多种语言，并且成为人们了解宇宙的新观点。牛顿的观点还有通俗版本在流传。在18世纪早期，对牛顿理想化的描述广为流传。弗朗西斯科·阿尔加罗蒂（Francesco Algarotti）于1737年出版了《适合女士的牛顿读本》（*Newton for the Ladies*），该书重新印刷了好几个版本（因为当时的女孩没有接受与男孩同等的教育，人们普遍认为科学知识必须以通俗易懂的方式呈现出来才能为女性所理解）。

 牛顿的性格古怪吗？

有相关证据证实牛顿性格古怪，并且不善于与人沟通。他性格古怪主要体现在他对工作采用了保密的态度。直到1669年，他才公开与他人讨论早期研究的成果。至今人们仍然不清楚他何时做过什么，或者哪项记载与其发表的作品相一致。在他获得了剑桥大学数学学院卢卡斯教授（Lucasian Professor）职位后，除了一年中有三到四个星期以外，他在剑桥大学的26年时光都致力于研究光学和基础数学。也就是说，他几乎一直隐居在那里。

牛顿不愿意对外公开他的生活，其中的部分原因是他不喜欢总是可能随之而来的争议。1684年皇家学会成立了一个由埃德蒙·哈雷（Edmund Halley）领导的委员会，提醒牛顿出版《数学原理》（*Principia Mathematica*）。哈雷努力劝说牛顿出版该著作的第三卷，因为第三卷包括牛顿体系的应用。牛顿最初不想发表那部著作，因为他听说罗伯特·胡克（Robert Hooke）声称在他之前就已经发现了同一体系。（事实上，牛顿在1672年把他关于光的分解，或者说是光的成分的发现告诉给皇家学院的时候，罗伯特·胡克和其他人就对牛顿的观点和解释提出了质疑。在胡克去世之前，牛顿一直拒绝讨论这件事，也不发表自己的作品。）最后，斯托里女士（Miss Storey）的丈夫文森特先生（Mr. Vencent）发表了《数学原理》的手稿。牛顿年少时租住在斯托里女士的房子里，显然她是牛顿一生中唯一与他发展浪漫爱情的人。

据传记作者记载，从1692年至1693年，牛顿出现了严重的心理问题。此前他通过朋友查尔斯·哈利法克斯（Charles Halifax）的帮助，试图争取一个有声望而且薪水也高的政府职位，但并未成功。牛顿给塞缪尔·佩皮斯（Samuel Pepys）写了一封信，说他"卷入了麻烦的漩涡中"，不得不离开佩皮斯和其他的朋友。随后，他又给约翰·洛克写了一封道歉信，为自己曾对约翰·洛克说过"是你让我卷入了与女人争吵的困境"而道歉。洛克很善良，安慰了他。牛顿又道歉说自己过度工作，时常缺少睡眠。事实上，那些牛顿认为自己陷入的困境是没有依据的。

牛顿确实陷入过一场争论之中,争论他与戈特弗里德·威廉·莱布尼茨(Gottfried Wilhelm Leibniz)谁最先发现了"流数术"(fluxions),即微积分理论。作为皇家学会的主席,牛顿对调查此事产生了影响。最终裁定是牛顿首先做出了这一发现,尽管调查混淆了牛顿和莱布尼茨关于该问题的通信时间顺序。

牛顿担任铸币监督之后,就没有深入开展科学工作。他把自然哲学家称为"好争论的女士"和"月球的另一个引力"。他显然是专注于和《圣经》有关的神秘的预言读物和炼丹术理论,但是我们并不清楚他这样做的目的,因为他一直用密码进行记录。当代一些学者认为这些神秘的研究是牛顿的主要兴趣所在。在他成为铸币监督以后不再愿意发表作品,甚至不愿继续进行研究。以前人们认为这是牛顿心理上的不稳定造成的,但是现在看来并不是这个原因。

医学和哲学

 医学与哲学史有什么关系?

医学理论和实践通常和哲学家或哲学史没有什么相关性。除了认识到许多医疗决策(例如堕胎、临终问题和护理成本)的伦理方面外,医生不会去寻求哲学观点,哲学家也不会将医学视为他们研究范围的一部分。直到18世纪,关于人体的医学思想和实践才开始与哲学在多个方面有着密切的联系。

从古代的柏拉图和亚里士多德时期开始,哲学家就以医学实践所需的知识为例来论述实践知识的本质。比如,对于一个人,医生或许能确定其疾病的原因和症状,但是确定一个人有病之后,要采用怎样的方式来治疗,这就需要作出超越证据的判断。这样的判断依赖从过去相似案例里获得的经验,也就是说,了解实践知识是很重要的(亚里士多德说,正是因为医学经验有重要作用,而这种经验并不是准确的科学,因此选择一个年纪大的医生而不是年轻的医生,是十分明智的)。

在亚里士多德时期,人们意识到在前苏格拉底时代医学曾经是哲学的一部分。中世纪刚开始时,许多哲学家都接受过医学方面的实践培训,之后成为他们资助人的医生。在欧洲文艺复兴时期和现代早期,这种做法也很流行。医学和哲学的另一个联系是,作为接受过教育的思想家，哲学家们总是对人类的身体和功能有自己的见解，在那个时代，科学方面的发现也源于该时代的医学观点。根据心理学家及其前辈们的理论，在心理学出现之前，哲学家们也一直对人类的情感和心理过程很感兴趣。

 阿尔克迈翁在医学上有哪些创新？

阿尔克迈翁（Alcmaeon）就"什么是健康"这一问题给出了新的答案。他解释道：健康就是身体的平衡。这种平衡是指对立面的平衡，但是这种平衡不能无限期地保持下去，所以所有的生命都会终结。

阿尔克迈翁也研究了不同感官的功能。因为理解事物的过程和星星的交替相似，所以他认为，灵魂就像星星一样，是永恒的。他认为感觉器官通过"通道"将信息传递到大脑。当血液流动到大脑的血管时，人就会睡觉，而血液重新流向全身时，人便会醒来。阿尔克迈翁的这些思想，加上他还介绍了一些医学领域独特的原则，彻底改变了医学的实践及关于人体的系统思想。作为阿尔克迈翁的接班人，希波克拉底（Hippokrates）使医学成为一门独立的学科。

> **医学是什么时候从哲学中分离出来的？**
>
> 虽然希波克拉底被称为"医学之父"，但是亚里士多德和狄奥弗拉斯特却认为是阿尔克迈翁在公元前6世纪后半叶创立了医学。

 希波克拉底有哪些成就和影响？

希波克拉底建立了自己的学校，正式创立了不同于神学（自然魔法）和哲学的医学。他自己是跟父亲和祖父学习医术的。根据希波克拉底学派的观点，疾病是因人体内四种体液——黑胆汁、黄胆汁、血液和黏液——失衡造成的，这些体液在人体内应该保持平衡。每一种疾病都可能导致危机，其结果可能是死亡，也可能是身体的自然康复。

希波克拉底的医学实践是消极的，因为他相信身体本身经过休养，伤病就会愈合。这种治病疗法是十分温和的，通常使用的是清水、酒或止痛膏。他认为预测病情的进展过程是很重要的。

在他的著作《论医生》（*On the Physician*）里，希波克拉底着重强调了医生整洁的外表和适当的行为举止的重要性。对患者做医疗记录也是很重要的，记录不仅要关于患者本人，还要关于患者的家属和环境。引发疾病的神秘原因也是不容忽视的。希波克拉底去世后，他所提出的医疗原则几乎没有取得什么进展，一些专业规则，比如撰写病历和记录病情也被弃用了。

继希波克拉底之后的医学是怎样进展的？

帕加马的盖伦（Galen of Pergamum）保留了希波克拉底的医学观点，一直到文艺复兴时期也没有较大的变化。因为解剖人类违反罗马法律，所以盖伦通过解剖猪和大猩猩来增加医学方面的知识。当他在角斗士学校做医生时，他学会了如何治愈外伤口和创伤。盖伦进行了很多手术，包括脑科和眼科手术（白内障摘除术）。在以后将近2 000年的时间里，没有人再次尝试这种手术。最后他成为马可·奥勒留的医生。在19世纪，盖伦的著作由伊本·伊沙克（Hunayn ibn Ishaq）翻译成阿拉伯语。然而阿拉伯人很少进行手术。在基督教徒中，关于手术的知识和调查也很早就被废除了。盖伦受到如此高的评价，以至于在文艺复兴时期，当时的解剖与他的描述相矛盾时，其他描述被认为是异常的。他用放血疗法来治疗各种疾病的方法一直延续到19世纪。

帕拉塞尔苏斯是谁？

帕拉塞尔苏斯（Paracelsus）是菲利普斯·奥里欧勒斯·德奥弗拉斯特·博姆巴斯茨·冯·霍恩海姆（Philippus Aureolus Theophrastus Bombastus von Hohenheim）的笔名。他的父亲是一名瑞士医生。帕拉塞尔苏斯15岁以后到世界各地旅行，并在德国和奥地利学习医学。后来，他还去了欧洲，把他学到的外科手术和医疗实践结合在了一起。手术的地位在当时低于医学，手术对于任何医生来说都是一次极大的冒险。

帕拉塞尔苏斯成功治愈了著名印刷者弗罗贝纽斯（Frobinius）之后，在1516年成为巴塞尔大学的一名医学讲师。他反对阿维森纳和盖伦的学说，因此他的教学具有争议性，1528年他被迫恢复游历生活。

帕拉塞尔苏斯引入了几项持久的医学创新：化学尿液分析法、消化能力的生物化学理论、伤口消毒法、使用鸦片止痛、使用水银治疗梅毒病等。他的书籍主要探讨人类本性和人类在宇宙中的位置等问题，同时也出版了一些作品介绍治疗梅毒的方法。

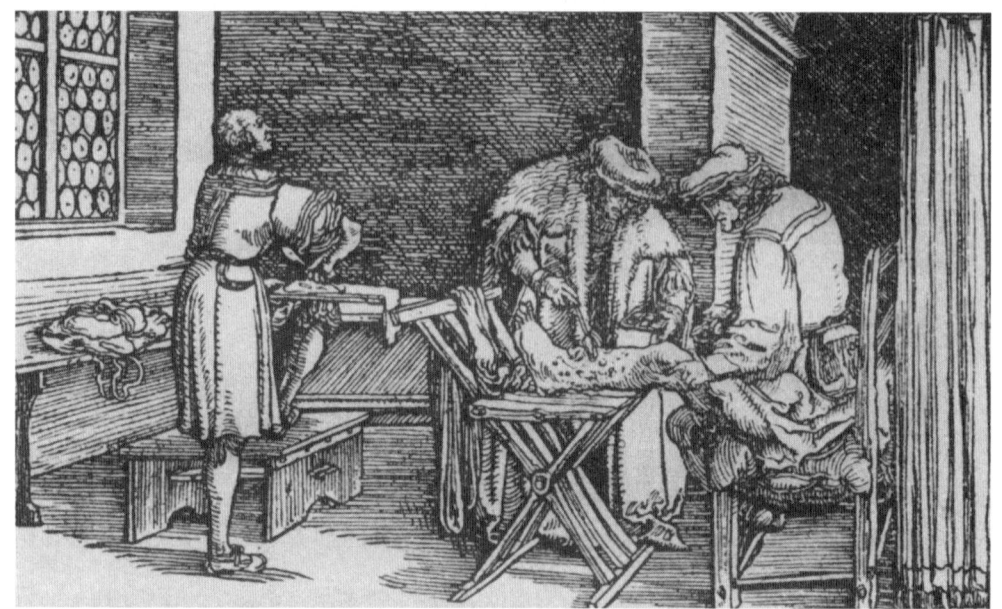

帕拉塞尔苏斯的《大手术》(The Great Surgery)一书的插图。(图片来源：艺术文献库)

帕拉塞尔苏斯是炼金术士吗？

是的，帕拉塞尔苏斯是一位炼金术士。他脱离了把炼金知识当作秘密的传统做法。中世纪时期，人们借用闪米特人、希腊人和罗马人的神话赋予炼金术一些象征意义，借此来隐藏炼金术士的真实目的。帕拉塞尔苏斯破除了这些象征意义。

 炼金术是什么？

拉丁语中，炼金术的意思是"分离和结合"。从传统意义上来讲，炼金术的核心是探索将基本金属转化为黄金的方法。其次就是寻找生命的灵丹妙药，这种药可以治愈所有的疾病，也能使人永生。中世纪的炼金术探寻哲学的基石，他们相信哲学有助于完成这些任务。他们还研究万能溶剂或生命之水的配方。有一种万能溶剂是乙醇溶液浓缩液——酒精。

 同时期的人如何看待炼金术士？

炼金术士受到当时传统思想者和神学家的质疑，但是他们仍然持续不断地用金属和植物一类的东西做试验，结果发现了硝皮法、染色法、冶金法和其他的"培根哲学科学"。占星家（或者称智者、方士、术士）的图解都同炼金术相关。

现代化学科学早期实验起源于炼金术，一些人认为这就是化学直到19世纪晚期，才作为科学课程的一部分被高等教育机构接受的主要原因。

支撑炼金术研究的理论是新柏拉图派哲学。它的主要原则是"如其在上，如其在下"，意思是人类是宇宙的微观体现。此外，他们认为时间是循环的，宇宙与神的精神同在。

 帕拉塞尔苏斯为炼金术做了什么贡献？

帕拉塞尔苏斯和大部分的炼金术士一样，具有新柏拉图派的信念：衰败是所有新生的开始；从基本原理中分离出来的最初物质是"非实体物质"，人类的创造性重复着这个过程；时间是力和生长的循环组合；上面和下面，或者说是天空和大地，都是以相同的形式存在的。

然而，帕拉塞尔苏斯用化学理论取代了"情绪"理论：咸、甜、苦、酸和第五种元素——生命。他的术语"Ens natural"（自然），指的是化学性质的平衡，"Ens spirituale"（超自然）指的是心灵的平衡。与他的同事不同，帕拉塞尔苏斯不认为疯狂是由恶魔引起的，也不认为噩梦代表着与女妖发生性关系。他认为心灵可以通过催眠术、魔法或恶意在自己、身体或他人的心灵或身体中创造疾病。他认为大部分疾病是可以治愈的，但却没有医生可以违背上帝的意愿。

由于帕拉塞尔苏斯支持新柏拉图学派关于首要物质的看法，并坚持认为疾病不是祸害，所以人们指责他的思想是异端邪说（首要物质否认上帝创造万物的观点，认为疾病不是祸害的观点使魔鬼没有藏身之处）。但是当他去世后，他的出生地却成为罗马天主教的圣地。

 科学革命时期在医学方面有什么显著进步？

在科学革命期间，威廉·哈维正确描述并展示了血液循环系统。罗伯特·伯顿（Robert Burton）描述了心理抑郁症的本质。哈维的成就是将人类身体内部理解为一个有序的机械系统；伯顿的成就就是改变了人类对精神疾病的认识，精神疾病与教会没有任何关联，是一个平凡的过程。这些成就有很高的实践价值，也为科学研究者和公众带来了回报。

 威廉·哈维是怎样发现封闭循环系统的？

威廉·哈维在剑桥大学接受教育，在意大利帕多瓦做研究，哥白尼也曾在那学习。哈维的岳父是伦敦著名的医生，哈维也成为圣巴塞洛缪医院（St. Bartholomew's Hospital）的一名医生，并且担任皇家医师学院的研究员。伊本·纳菲斯（Ibn al-Nafis）和迈克尔·塞尔韦图斯（Michael Servetus）此前已经描述了肺循环，但是当哈维开始他的研究的时候，塞尔韦图斯的作品已经遗失了。

西罗尼姆斯·法布里休斯（Hieronymus Fabricius）是哈维在帕多瓦大学的老师，他发现了静脉的研究价值，但是哈维对他的解释并不满意，哈维寻求一个更加全面的理论来解释血液在体内的流动。哈维于1628年在他的《动物心脏和血液运动的解剖学研究》(Exercitatio Anatomica de Motus Cordis et Sanguinis in Animalibus）中提出，在一个封闭的系统中，心脏将血液输送到全身。盖伦认为静脉血液来自肝脏，动脉血液来自心脏，动脉将血液输送到身体的各个部分。

哈维在活体解剖（对活体动物进行解剖）过程中记录了他的观察结果，量化了通过心脏的血液量，并计算了心脏的跳动次数。他根据心脏的大小估计了一天内泵送的血量。

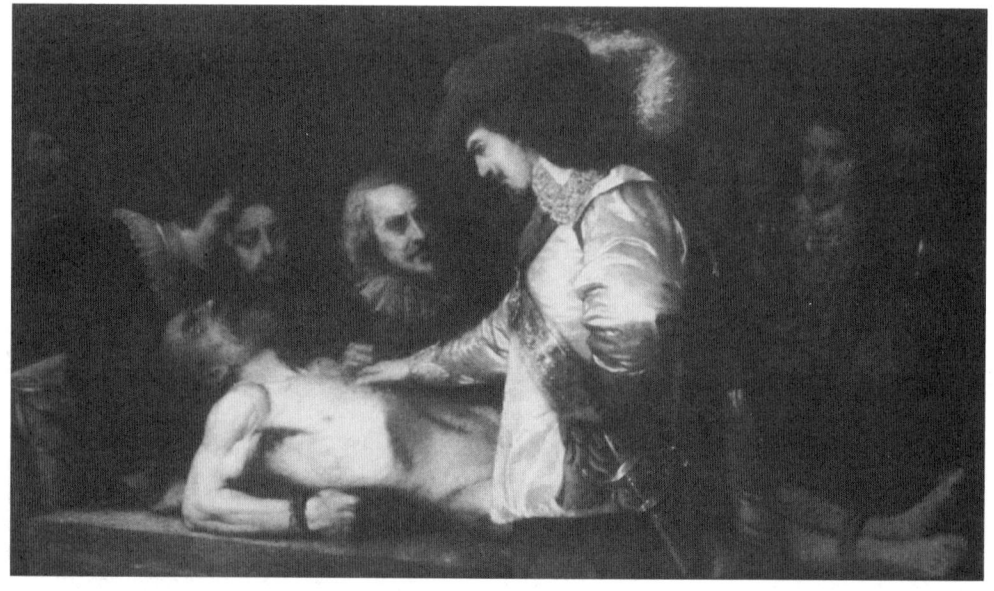

在一幅17世纪的图画中，威廉·哈维正在展示血液是怎样循环的。（图片来源：艺术文献库）

他提出了两个循环回路——一个到肺部，另一个到重要器官——并正确描述了静脉瓣膜在将血液返回心脏中的作用。哈维同时也是詹姆斯一世和查理一世的私人医生。这让他有机会对皇家公园里的鹿进行活体解剖，以便进行他的实验和演示。他还能够观察到一个贵族儿子的胸腔内的跳动的人类心脏，这个贵族儿子的伤口上覆盖了一块金属板。哈维无法观察到毛细血管，也无法解释血液是如何从动脉流到静脉的。

 人们对伯顿的《忧郁的解剖》有何反应？

伯顿用"小德谟克利特"（Democritus Junior）为笔名撰写了《忧郁的解剖》（The Anatomy of Melancholy）。这本书受到了广泛好评。文学历史学家和批判学家托马斯·沃顿（Thomas Warton）写道："作者学识渊博，引用了大量稀有而有趣的书籍，他的学究气中闪烁着粗犷的智慧和无形的优雅……使其成为一本充满乐趣和信息的汇编。"伯顿的作品确实充满了讽刺意味，并展现了他极为丰富的历史和文学知识。

然而，伯顿的《忧郁的解剖》的最伟大之处在于他尝试从自然的角度去解读心灵，心灵既区别于身体，又与身体紧密相连。伯顿关于人类认知和精神的理论是以他对于精神的理解为基础的，他认为通过精神，心灵的全部功能和器官才与身体不同部分密切联系在一起。虽然按照现代的标准来看，伯顿的思想是错误的，而且过于刻板，但他关于身心对应关系的总体研究仍是实证的身心和心脑科学研究的基石。

罗伯特·伯顿是如何将科学方法应用到他的思想中的？

罗伯特·伯顿在牛津大学度过了一生中的大部分时光。在那里，他是圣托马斯教堂的牧师。随后他被任命为英国莱斯特郡的塞格雷夫教区牧师。他是一位对占星术十分感兴趣的数学家，性格友善开朗。然而，他的一生遭遇了许多不幸——"我的心脏感觉很沉重，有一个脓肿在我的头颅里孵化，我多么渴望能将它清除"。在《忧郁的解剖》的序言中，他把工作解释为治疗的方法："我写着忧郁，却又忙着避免忧郁。忧郁最大的原因莫过于闲散，治疗忧郁最好的办法就是忙碌。"

第5章
早期现代哲学

 早期现代哲学是什么？

早期现代哲学主要指17世纪的一些人类思维活动，与16世纪晚期和18世纪早期的人类思维活动有一些重叠。早期现代哲学的现代性在于这一阶段的哲学开始关注认识论，即人类知识的本质及其实证，当时的科学革命被人们视为理所当然的事情。在这一阶段，人们重新把合乎逻辑的辩论和以事实为基础的推理视为哲学研究的必要成分。

然而，称其为"早期"现代哲学，是因为宗教的影响仍然比较大，当时的社会仍然需要哲学家去相信上帝，反对亚里士多德学派并连续做出反击。在强大的国家出现之前，政治环境一直处于不稳定的状态。

 主要的早期现代哲学家都有谁？

该阶段的哲学家通常分为理性主义者和经验主义者。勒内·笛卡儿、戈特弗里德·威廉·莱布尼茨、巴鲁赫·德·斯宾诺莎（Benedict de Spinoza）及尼古拉斯·马勒伯朗士（Nicolas Malebranche）通常被认为是认识论的理性主义者；托马斯·霍布斯和约翰·洛克则是经验主义者。从更广泛的角度来讲，弗朗西斯科·苏亚雷斯（Francisco Suárez）应该是理性主义者，胡果·格劳秀斯（Hugo Victor）属于经验主义者。

 理性主义认识论是什么？

理性主义认识论认为，人类从出生开始脑海中便存在了重要观点或原则，关于世界最重要的真理可以从思想中提炼出来，而不必须具备经验。这些先验真理具有逻辑确定性，也就是说，如果反驳它们就会有逻辑上的矛盾。这些先验真理是绝对确定的，用现在的话来说，它们"在所有可能世界中皆为真"。

17 世纪理性主义

弗朗西斯科·苏亚雷斯

 弗朗西斯科·苏亚雷斯是谁？

弗朗西斯科·苏亚雷斯是一位西班牙耶稣教神学家和哲学家。他主要在西班牙的萨拉曼卡和意大利的罗马等地教书。他著有《论法律》(*On Law*)、《三位一体》(*On the Trinity*)、《论灵魂》(*On the Soul*)。他最著名的作品是他的 54 篇辩论，或称论文，汇总成著作《形而上学的争论》(*Metaphysical Disputations*)。人们认为这本书影响了 17 世纪的笛卡儿、莱布尼茨和格劳秀斯，以及 19 世纪的叔本华（Schopenhauer）。继亚里士多德之后，苏亚雷斯将形而上学按照欧洲传统哲学体系进行了扩展，并不是对亚里士多德学说的直接评述。

 弗朗西斯科·苏亚雷斯对形而上学的观点是什么？

苏亚雷斯将形而上学定义为对真实存在的研究。这种存在的概念类似于事物之间存在的相似性。苏亚雷斯坚持认为存在的每一件事物都是一个个体，不能进一步分裂成与其类似的个体。苏亚雷斯对最一般种类的现存事物的关注，在笛卡尔将世界划分为心灵和物质的过程中得到了体现。

勒内·笛卡儿

 勒内·笛卡儿是谁？

勒内·笛卡儿提出了一系列哲学问题：思想与物质有什么不同？思想和身体是怎样联系的？笛卡儿以此开创了现代哲学时代，这些问题一直持续到今天。他并不是仅仅提出这些思想，而是在做其他事情的过程中亲自去体验这些问题。他尽力向刻板的天主教会解释，哲学与宗教是可以兼容共存的。

勒内·笛卡儿是怎样一个人？

这个问题很难回答。用现在的话来讲，人们可能认为笛卡儿是一个胆小、焦虑、自私而不善交际的人。他是17世纪的哲学家，他没有资助人，没有安定的住所，也不富裕。

笛卡儿为了远离喧嚣的巴黎，搬到了荷兰居住，这样他就可以全身心地投入到工作中。他对个人生活持保密的态度。在20年里，每年他都会搬家。但是无论在什么地方，他都会进行实验，有时他从肉店老板那里获取动物器官来做实验。有传闻说他通过研究牛犊的眼睛来研究视力问题。

笛卡儿对特殊的食物和饮食有着极大的兴趣，可能是为了延长寿命。有时候，他是一个素食主义者（这并不是出于道德原因，因为他认为动物都是机器）。有时候，他认为秘密隐藏于鸡蛋中。他与一个名叫海伦娜·扬斯（Helena Jans）的仆人有一个私生女。

笛卡儿的女儿弗朗辛（Francine）通常被传记作家描述为私生女，但荷兰东部城市代芬特尔的教堂里有她在1635年接受浸礼的记录。弗朗辛5岁时因患猩红热而夭折，笛卡儿因失去女儿承受了极大的悲痛。据说，笛卡儿的座右铭是，"隐秘的生活，才是好的生活。"还有人说他的座右铭是"我在伪装中前行"。

 笛卡儿生活中有哪些故事？

勒内·笛卡儿的父亲是一位小贵族。在笛卡儿13个月大时，他的母亲去世了，后来他父亲再婚，笛卡儿由外祖母抚养长大。10岁时，笛卡儿被送去法国安茹的拉弗莱什耶稣会学院。他在那里学习古典文学、历史学、修辞学和亚里士多德的自然哲学。虽然他知道拉弗莱什耶稣会学院是一个非常优秀的学校，但是他认为在那里所学的自然哲学"值得怀疑"。他有这样的想法主要是因为自然哲学是基于经院哲学的抽象概念，而近代社会有了更多的新发现和新思想，学校教授的自然哲学已经过时了。

笛卡儿在普瓦捷获得了法学学位，并在欧洲的旅行中完善了自身的教育。他决心

"只寻求通过自我或是世上的伟大书籍探索出来的知识"。他在军营短暂服役之后,成为艾萨克·比克曼(Issac Beeckman)的好朋友,比克曼是荷兰的哲学家和科学家,一直激励笛卡儿研究数学。

笛卡儿的第一本书是《音乐概要》(Compendium Musicae),他将数学应用到和声及不和谐音中。笛卡儿也开始研究解析几何学,并在1637年出版了专著。

 勒内·笛卡儿的哲学工作是如何展开的?

1619年11月10日,笛卡儿在德国南方小镇的一个像屋子那么大的火炉边度过了漫长时光(在19世纪之前,德国和俄罗斯都制造这种大火炉。这种火炉有架子,有睡觉的地方,还可以站在上面)。笛卡儿做了3个古怪的梦之后开始顿悟,他决定创立新的科学和哲学系统。

他的灵感源于这样的想法:从对绝对真理的了解开始,经过仔细推理,所有科学的基本原理都可以被合理地推导出来。

1628年,笛卡儿在巴黎短暂地住了一段时间后搬到了荷兰,在那里度过了余生。

 勒内·笛卡儿与宗教法庭之间有什么问题?

笛卡儿从来没有涉及与宗教法庭相关的直接问题,但是他总是畏惧教堂权威,同时他又想得到教堂权威的支持。他所著的关于宇宙论和物理学的书籍与原子论和哥白尼学说相一致,在准备出版时,他听说宗教法庭对伽利略进行了谴责,便放弃了出版的想法。1637年,笛卡儿出版了《光学》(Optics)、《气象学》(Meteorology)和《几何学》(Geometry),这三本书的序言是《探求科学真理的指导原则》(Discourse on the Method of Rightly Conducting the Reason and Seeking the Truth in the Sciences)。在这篇文章中,笛卡儿发展了"清晰独特的原则"(思想应该是清晰而独特的。如果一个人能确定想法是什么,它就是清晰的。如果某个思想与其他思想不同,那么就是独特的)。

接下来他发表了《第一哲学沉思集》(Meditations on First Philosophy),这本书在一定程度上是对《方法论》(A Discourse on Method)一书遭到的批评的回应。《方法论》解释了笛卡儿从清晰独特的思想中提炼出科学第一原理的新方法。《第一哲学沉思集》发表以后,人们纷纷进行回应或者提出反对意见(包括马林·梅森、托马斯·霍布斯及皮埃尔·伽桑狄）。1642 年，该书出版了第二版。这本书的观点十分新颖，它提出基于人自身存在的确定性，可以确定物理实在的本质和上帝的存在。

笛卡儿在出版著作之前会与人们进行探讨，这使得他的观点更加完善。由于这些探讨，《第一哲学沉思集》成为最著名的哲学作品之一。21 世纪，哲学家们对这本书仍然很着迷。

笛卡儿非常担心教皇权威对他的学术进行攻击。朋友们则认为他过度夸大了这些抨击对他个人和专业的危害，但是笛卡儿的个人抱负与对这些批评的回应紧密联系在一起。他的思想直击天主教会的核心，天主教使用怀疑主义否认这些与教会教义和经文冲突的新的科学发现。笛卡儿希望耶稣会能支持他在《第一哲学沉思集》中阐述的观点，并将其作为经文。

在 1644 年，笛卡儿出版了《哲学原理》（Principles of Philosophy）一书，他相信这是能获得天主教支持的杰作。

 勒内·笛卡儿与皇家的哪位女性通信？

笛卡儿与波西米亚的伊丽莎白（Elizabeth）公主保持通信，笛卡儿的教义可以用来明晰思想，公主对此非常感兴趣。他们之间的交流帮助笛卡儿于 1649 年写下了《论灵魂的激情》（The Passions of the Soul），这本书讲述了思想的运转方式，以及思想与身体相互联系的方式。

在同一年，笛卡儿同意搬到瑞典首都斯德哥尔摩，成为克里斯蒂娜（Christina）女王的家庭教师。她和伊丽莎白公主一样，追寻笛卡儿的思想，并希望接受全面而深入的教育。法国国王的一小笔补助金已经延期了好几年，笛卡儿需要克里斯蒂娜女王的这笔资金及皇家赞助的荣誉。他把瑞典称为"熊的岛屿"（the land of the bears），为了迎合爱运动的年轻女王的需要，他早晨 5 点钟开始给皇后上课。其实笛卡儿是一个习惯晚起的人，他喜欢躺在床上进行思考，到中午才起床。当他在弗莱什耶稣会学院读书的时候，学院特许他不用早起。笛卡儿的传记作者认为，这种作息规律的改变削弱了他的身体。后来他患了肺炎，不久就去世了。

 伊丽莎白公主是怎样的人？

伊丽莎白公主是笛卡儿的皇室朋友和学生，她思想独立，拥有权力。伊丽莎白是普法尔茨选侯夫人和波西米亚女王，是苏格兰的詹姆斯六世（James VI）和丹麦的安妮（Anna）王后的大女儿。她的后裔汉诺威王室后来继承了英国皇位。1613 年，她与普法尔茨选侯（德国有权选举神圣罗马帝国皇帝的诸侯）弗雷德里克五世（Frederick V）结婚，以此结成同盟来加强她父亲与大罗马帝国的联系。然而，她的丈夫只在波希米亚短暂地当过国王，被流放之后，他们住在荷兰首都海牙。1649 年，她进入了威斯特伐利亚（现德国）的赫特福德女修道院，她管理该修道院直到去世。

伊丽莎白对哲学的兴趣之深，对于一位肩负着社会和家庭责任的人来说实属罕见。1643 年，她写信给笛卡儿说：

> 我承认，将物质和广延性赋予灵魂，会比将移动物体和自身移动的能力赋予一个非物质的存在体更容易。因为，如果第一种情况是通过"信息"发生的，那么执行移动任务的灵魂就必须是智慧的，但你并没有将智慧赋予任何物质实体。虽然你在《第一哲学沉思集》中阐述了第二种情况的可能性，但是，你描述中的灵魂，在拥有推理的能力和习惯之后，竟然会丢下一切，像一阵烟一样飘走，尽管它可以脱离身体而存在，并且与身体毫无共同之处，却仍然受身体的支配，这实在是难以理解。

在这段文字中，伊丽莎白巧妙地引入了灵魂的物质性可能，笛卡儿的二元论从这一观点中获得了启发。任何人，包括笛卡儿本人，都无法圆满地解释不朽的灵魂如何与物质的身体互动交流。伊丽莎白公主通过自己的直觉想出的解决这一问题的办法之一，就是将灵魂设想为物质的。

伊丽莎白公主对笛卡儿哲学有什么影响？

笛卡儿著有《论灵魂的激情》，主要试图回答伊丽莎白公主提出的心灵如何与身体交流互动的问题。

在该书中，笛卡儿提出情绪是心灵对干扰产生的反应。他认为意志是灵魂的一部分，是非物质的，但在松果体（pineal gland）中存在非常微妙的液体，这种液体可能会受到意志的影响。其结果是心灵可以控制身体的某些部位。

克里斯蒂娜女王是怎样的人？她为什么对笛卡儿的生活如此重要？

与笛卡儿通信的第二个皇家女性和学生是瑞典女王克里斯蒂娜。虽然她的哲学才能和后来的历史影响不如另一位学生伊丽莎白公主那么大，但她的行为举止却更加非传统。克里斯蒂娜的父亲将她视为王子，她被冠以"克里斯蒂娜国王"的称号。在她统治期间，她增加了贵族的数量，国库花销巨大。贵族最多、花销最大的地区是新瑞典（New Sweden），它是位于美国特拉华州威尔明顿附近的殖民地。

1654年，克里斯蒂娜退位，改名为玛丽亚·克里斯蒂娜·亚历山德拉（Maria Christina Alexandra）。她这样做是为了皈依天主教，在当时的瑞典，这种做法是违法的。玛丽亚·克里斯蒂娜首先前往罗马，然后又到了法国。作为前任女王，她备受瞩目，她积极支持科学和艺术活动。她穿着令人震惊的礼服：短裙、长袜、高跟鞋，这使她比当时穿着长裙的妇女有更多的行动自由。她的特殊服饰给人们留下了深刻的印象。

葛丽泰·嘉宝（Greta Gabro）在1933年的电影中扮演了克里斯蒂娜女王，得到了高度赞誉，但票房收入并不高。

 笛卡儿"清晰而明确的思想"指的是什么？

笛卡儿认为理性的"自然之光"（natural light）是存在的，它能够让人确定自己的思想。1644年，笛卡儿在他的著作《哲学原理》中写道：

> 我所谓的"清晰"，是指存在于积极的思想中显而易见的东西，我们可以清晰地看到它们。如果你有一双专注的眼睛，你就会发现这些东西有力地运转着。"明确"指的是精确，与所有其他对象不同，除了"清晰"之外别无他物。

换句话说，思想家有一种直觉或者经验，可以感知清晰，并知道自己对什么事情有清楚的认识。笛卡儿依赖的是我们清楚地知道事物一切细节时所具有的识别能力。

笛卡儿的著作《第一哲学沉思集》的目的是什么？

笛卡儿在《第一哲学沉思集》的序言和导言中说道，他的目标是理性地证明上帝的存在和灵魂的不朽。他使用"清晰而明确的思想"的方法来实现这一目标，为他创造科学的确定性奠定了基础。

 《第一哲学沉思集》中有哪些主要的哲学论点？

笛卡儿认为有必要将整个知识大厦的根基建立起来，以此来消除现有的错误。他的方法不是对怀疑主义提出质疑，而是去质疑一切可以怀疑的东西，这样就会将正确的观点保留下来。他首先从关于感官错误的常见论点开始：例如，观察到远处的物体看起来比实际要小。

然后，他怀疑能否可以确定在人的思想之外还存在另一个世界。如果考虑到每天晚上在睡眠中的人都可能做怪异扭曲的梦，那么这种质疑并非不寻常。这就提出了如下的问题：保持清醒和睡眠之间的区别究竟是什么？笛卡儿指出，在这两种状态中没有任何特质能够让人确定他处在哪种状态中。

笛卡儿下一个质疑的是数学和逻辑思维问题。笛卡儿说，我们在这些过程中展现出来的信心，取决于我们对仁慈上帝怀有的信心，上帝确保那些在我们看来不言而喻的东西确实是真实的，上帝还确保过去思维过程的准确性，那些思维过程对于在推理过程中得出结论是很重要的。

接下来，笛卡儿进一步提出了他最具影响性的疑问：如果上帝不是仁慈的、全能，而是邪恶的恶魔，他不支持我们真

笛卡儿认为关于自身存在的这一断言会导致其他的结论，例如上帝是存在的，外部世界也同样存在。（图片来源：iStock 图像）

正的心理过程，而是不断地欺骗我们，我们的思想在做什么，会有怎样的结果？笛卡儿对是否存在善良而强大的上帝提出了质疑，他自己认为这是一个让人心神不安和痛苦的难题。

 笛卡儿如何解释邪恶的魔鬼假说？

笛卡儿描述了一切他可以怀疑的东西（包括感觉信息、外部世界、自己的思维过程和善良的神）。他还指出，不怀疑自己正在进行怀疑这个事实。因此，他总结说他不怀疑自身的存在，因为他正在怀疑着某人或某事。他后来写了著名的"我思，故我在"：

> 我注意到了，虽然我正在努力地去思考错误的事情，但是正在进行思考的我必须是存在的。"我思，故我在"是如此坚实和可靠，甚至怀疑论者最有力的论断也不能推翻它。根据我的判断，我要毫无顾忌地接受它，把它作为我寻求哲学的第一原则。

 笛卡儿是笛卡儿主义者吗？

笛卡儿捍卫了他的"自身存在"的观点，从这个意义上理解，他是笛卡儿主义者。但由于他没有从字面意思上理解人的心灵和身体是两回事这一问题，所以他不能算是笛卡儿信徒。他在著名的《第一哲学沉思集》中的《第二个沉思》（Mediation II）一文中写道："我没有像飞行员在机舱里一样存在于我的身体里。"他的意图是对头脑和身体做出抽象的区别。但因为他没有交代两者之间的相互作用，所以笛卡儿仍然停留在身心二元论的"笛卡儿主义"阶段。

 笛卡儿的著作《论灵魂的激情》的主要思想是什么？

勒内·笛卡儿声称，他的心灵或灵魂感觉到了"激情"，或者说是在身体里存在的感觉和痛苦。虽然灵魂是大脑的一部分，但是灵魂与身体的各个部分也是相连的，即大脑松果体"比在其他地方更为特殊地行使其职能"。也就是说，灵魂通过松果体直接影响身体运动，这是因为它能通过意志使动物精神活跃（笛卡儿认为，意志是无限的，因为它是上帝旨意的副本，但是人类的认识是有限的，因为意志常常会超越理解，所以人类要遭遇各种罪恶和不幸）。笛卡儿认为意识，即心灵对身体中感觉和痛苦的呈现，是人类独有的。他认为动物缺乏松果体和意识，因此它们是单纯的机器。

笛卡儿确定了"我思，故我在"的主张之后做了些什么？

笛卡儿问自己他是什么，并得出结论：他是一个思维的东西，即思想灵魂，而不是他自己存在的创造者——上帝。上帝既把笛卡儿创造成一个非物质的思考体，即灵魂，又创造了包括笛卡儿身体在内的宇宙。对于神的存在，在笛卡尔的本体论论证中，上帝存在的第二个证据是，上帝是万能的、善良的，存在总比不存在好，因此，上帝是存在的。

因为上帝是善良的，上帝不可能是骗子，因此，早期对于外部世界存在与否，以及逻辑有效性的质疑就没有必要了。有关感官数据的疑虑总是可以通过进一步的感觉经验予以纠正。要想区别清醒和睡眠，可以等待一个人清醒后再比较这两种状态。上帝创造了人类，使得我们可以信赖对存在于现实世界中的现实的感知。

 人们对于《第一哲学沉思集》的反响如何？

天主教神学家发现，勒内·笛卡儿对上帝存在提出了怀疑，但不能通过他的本体论来解决这个问题。另一些人纠结于两种完全不同的物质：思想和物质，这种二元论的问题很难解决。思想可以直接反思，但却无法被科学所掌握。物质——笛卡儿是指，具有大小、形状、数量、质量的不可感知的粒子（第一性质）——是科学的终极课题。

笛卡儿认为，我们了解的物质比思想少。问题是，思想和物质是如何相关联的？笛卡儿关于物质的思想、他的二元论和身心问题使他的同代人及后继者陷入沉思。巴鲁赫·德·斯宾诺莎用上帝和自然的双重属性理论做出回应。尼古拉斯·马勒伯朗士试图用偶因论来回答精神和物质是如何连接的问题。戈特弗里德·威廉·莱布尼茨在他的预定和谐理论中也对偶因论有所阐述。在经验主义阵营中，托马斯·霍布斯坚持不存在任何非物质，约翰·洛克直接攻击笛卡儿对物质的想法。

笛卡尔认为，实体是使物质、心灵聚合在一起的东西，尽管实体不能直接被体验。根据笛卡尔的观点，所有物理事物都是物质实体，所有精神事物都是非物质实体。

为什么笛卡儿关于物质的想法对于经验主义者来说是一个问题？

根据笛卡儿的观点，实体可以被心灵感知，但不是通过感官感知的。而经验主义者认为我们的信息知识是通过感官获得的。

巴鲁赫·德·斯宾诺莎

 巴鲁赫·德·斯宾诺莎是谁？

巴鲁赫·德·斯宾诺莎，是17世纪一位孤独的思想家。他非正统的想法使他被驱逐，不得不离开荷兰阿姆斯特丹的犹太社区。此后，他几乎很少和其他犹太人接触。但由于他是犹太人，他在荷兰认识的其他熟人对他并不友好。

1660年，他从阿姆斯特丹移居到莱茵斯堡，而后又到了福尔堡。1663年，他撰写了《笛卡儿哲学原理》（Renati Descartes Principiorum Philosophiae）。1670年，他匿名出版了著作《神学政治论》（Tractatus Theologico Politicus）。1673年，德国海德堡大学为他提供了做哲学教师的机会，却被他拒绝了，原因是他不想打破自己原有的平静生活。他认为学者之间总是争论不休，并热衷于一些琐碎争端和仇恨。他认识戈特弗里德·威廉·莱布尼茨，并与英国皇家学会的成员亨利·奥尔登堡（Henery Oldenburg）和克里斯蒂安·惠更斯（Christian Huygens）保持通信。

斯宾诺莎撰写的《伦理学》（Ethics）和《知性改进论》（Tractatus de Intellectus Emendatione）都是在他去世后出版的。斯宾诺莎更喜欢独立思考，很少受外界影响，这使得他的作品独具特色，但这也是他长期未能得到哲学家认可的原因之一。

 斯宾诺莎的哲学目标是什么？

斯宾诺莎的哲学目标非常现实，即解决一个人应该如何在这个世界上生活的问题。他试图寻求人的一个优点，或是一个价值，这一优点或价值能使人从不可预知的、不愉快的和不可控的人类生活的方方面面中独立出来。他得出结论，人的终极善意是能够意识到人在自然中的位置，并接受这种自然秩序。自然科学、政治、道德、教育，甚至技术都是为了实现人类获得对自然秩序的完整认识而必须了解的学科。斯宾诺莎说，人的意识就像血流里的一只蠕虫，每一滴血液都是独立的，而不是生物体内系统的一部分。斯宾诺莎的哲学任务是描述作为世界一部分的人所组成的整体。

 斯宾诺莎的哲学体系是什么？

虽然斯宾诺莎的哲学体系在很大程度上存在着神学元素，但是他从确定生存方式的道德目的出发，积极地构建自己的哲学体系。他没有将道德建立在上帝的基础之上，而是建立在适当的人类知识之上。这样的知识既能够使个体获得控制情感的能力，又能使个体和平地与他人共处。然而，从间接影响来看，这种自然知识等同于上帝的知识。因为根据斯宾诺莎所述，上帝存在于整个自然界中。

斯宾诺莎以几何论证的形式撰写哲学著作，用公理证明自己的结论。首先，他假设物质是存在的。他认为物质具有无限的特征，但人类可以感知到的却只有两个：扩展和思想（或者叫作物质和意识）。

斯宾诺莎总结说，终极的善就是发现人在自然中的位置。（图片来源：iStock 图像）

斯宾诺莎的形而上学属于一元论，上帝便是唯一的存在。根据斯宾诺莎的观点，上帝是"绝对的无限"（a being absolutely infinite）。尽管上帝具有无限的特征，每个特征都无限地将上帝的本质表达出来，但是人类可以感知或理解的只是上帝的两个无限特征：思想和物质躯体，或者延续。每个特征都有无限模式和有限模式，虽然有限的模式在数量上是无限的。例如，一个人，是上帝的一个有限模式，思维模式和扩展模式都与上帝同时存在。

理解斯宾诺莎观点的方法之一是，意识和物质是看待上帝存在这一观点的不同方式。正如存在着的其他所有事物一样，上帝也是自然，但自然同时也是上帝。斯宾诺莎对自然进行了区分，包括积极创造世界的上帝和人类能感知的自然。

斯宾诺莎怎么看待善和恶？

斯宾诺莎以近乎考虑数学问题的方式，客观深入地探讨了人类的行为和愿望。高尚的行为是理解的结果，要么是自我服务，要么是利他，但是这两种行为是可以结合在一起的："比起人，没有什么其他的事情对人类更有用。"他将善定义为"我们所确切知道的对我们有利的事情"，他将恶定义为"我们所确切知道的阻止我们去行善的事情"。因为上帝是完美的，他没有必要追寻那些对他而言的善或恶。上帝的恩赐不是对高尚行为的奖励，而是在拥有理性和"适当知识"的前提下生活的必然结果。斯宾诺莎还认为一个国家的公民不能放弃他们追求自身幸福的权利。

斯宾诺莎体系是如何解决笛卡儿哲学思想的？

笛卡儿关于心灵和身体的划分，依赖于除上帝之外的两个独立物质的存在：意识和物质躯体。对于斯宾诺莎来说，世界只存在一个实体，那便是上帝。也就是说，人类的心灵和人类的身体是同一件事，只是理解方式不同。我们不会认为一件事会在自己内部发生因果相互作用。因此在斯宾诺莎哲学体系中，笛卡儿哲学思想并不是一个问题。

斯宾诺莎为人类遗留下了什么？

几个世纪以来，斯宾诺莎在人们心中一直是近乎神圣的。1672年，他本打算参与抗议，抗议荷兰政治家、数学家约翰·德·维特（Johan de Witt）和他的兄弟科内利斯（Cornelis）遭到暴徒残忍暗杀的事件。参与这次行动是危险的，于是斯宾诺莎的朋友将他锁了起来，阻止了他的行动。19世纪，浪漫主义诗人诺瓦利斯（Novalis）称斯宾诺莎为"痴迷于上帝的人"。20世纪哲学家伯特兰·罗素（Bertrand Russell）称斯宾诺莎为"最可爱、最高尚的哲学家"。

人们认为斯宾诺莎影响了心理学分析之父西格蒙德·弗洛伊德（Sigmund Freud）、科学家阿尔伯特·爱因斯坦，以及一些作家，如威廉·华兹华斯（William Wordsworth）、塞缪尔·泰勒·柯勒律治（Samuel Taylor Coleridge）、海因里希·海涅（Heinrich Heine）、珀西·比希·雪莱（Percy Bysshe Shelly）、乔治·艾略特（George Eliot）、乔治·桑（George Sand）及豪尔赫·路易斯·博尔赫斯（Jorge Luis Borges）。20世纪晚期的自然主义者，以及那些认同意识和身体同一性的人，都拥护斯宾诺莎的作品。斯宾诺莎对人的情感进行了认知描述，认为情感是对信仰的表达。这种描述方式为当代心理学各分支学科及意识哲学奠定了基础。

同时期的剧作家大卫·艾维斯（David Ives）的作品《新耶路撒冷：在犹太教法典律法集会上对巴鲁赫·德·斯宾诺莎的审讯：阿姆斯特丹，1656年7月27日》（New Jerusalem: The Interrogation of Baruch de Spinoza at Talmud Torah Congregation: Amsterdam, July 27, 1656）戏剧性地描述了斯宾诺莎受到的迫害及犹太教领袖的担忧。当时阿姆斯特丹并不想接受犹太社区，犹太教领袖害怕斯宾诺莎激进的想法会干扰阿姆斯特丹的这一决定。在剧中，斯宾诺莎这一角色极具讽刺地说："这里没有犹太教的教义，只有争吵。"

在斯宾诺莎被犹太教逐出教会后，他没有得到庇护，也没有任何工作。他只能靠磨镜片为生，我们有理由相信，磨镜片产生的灰尘对他的肺部造成了致命的伤害，并且最终导致他英年早逝。

"镜片工艺社团"是什么？

20世纪至21世纪初，当时美国哲学协会的大多数成员都能找到学术哲学家的工作，但并不是所有获得哲学博士学位的人都能成为学校的教授，其中有一部分人甚至找不到工作。美国哲学协会在每年一度的会议上给这些没有工作的哲学家提供食宿，还赞助他们成立了一个名为"镜片工艺社团"的组织。该组织的名字是为了纪念斯宾诺莎而起的，因为他是以抛光镜片为生的。

尼古拉斯·马勒伯朗士

 ### 尼古拉斯·马勒伯朗士是谁？

尼古拉斯·马勒伯朗士是一个理性主义者，同勒内·笛卡儿一样，他也试图解决心灵和身体之间的关系。

 马勒伯朗士对笛卡儿的心灵—身体问题有怎样的看法？

马勒伯朗士认为任何事物，无论是精神的还是物质的，都不能引发其他事物或者受其他事物的影响。他的理由是，物理实体是惰性且被动的，它们内部没有任何力量可以引起任何事物或维持运动。同样，精神事物也不能引起任何事物，因为任何人类意志行为与任何其他事件之间都不存在必然联系。在这种意义上，只有上帝的意识才是有效的。因此自然界的任何因果关系都是上帝所为，自然界中的因果关系就像是只差1分钟的两个时钟。看似快1分钟的钟带动了慢1分钟的时钟的运行，但这仅仅是一种表象。

 马勒伯朗士有更详尽的哲学思想来支持他的因果论吗？

是的，马勒伯朗士一直被尊崇为神学玄学家，在他的重要著作《探索真理》（The Search after Truth）中，他发展了"上帝视角"的理论。他同意笛卡儿的理论学说，认为人的意识是组成人体见解和知识的最基本成分。但他认为我们的想法实际上是上帝的想法，不属于我们自己。根据马勒伯朗士的观点，"上帝视角"理论对于抽象知识尤为重要，因为普遍真理、数学真理、道德理解都是上帝视角的一部分。这些抽象知识也体现出上帝对他所创造的世界的真实性的认识。

马勒伯朗士在他的《论自然和恩典》（Treatise on Nature and Grace）中解释了善意、全能、全知的上帝为何允许这个世界存在邪恶。他认为上帝原本能够创造一个更完美的世界，这个完美的世界不存在我们现在所知的各种邪恶。然而，这个世界一定比上帝所创造的现实世界更复杂，根据普遍法则，创造一个更完美的世界有悖于上帝所遵循的最简单原则，这种简易和普遍性恰好也能解释对人们恩惠的不平等分配。

 马勒伯朗士的生活是否充满刺激？

如果说他的生活充满刺激，那么这种刺激也是源自他的内心世界。从表面上看，马勒伯朗士是一个有着宗教隐士般性情的学者。他出生在巴黎，并在那里去世，一生过着孤独的生活。

马勒伯朗士小时候身体虚弱，天生脊椎畸形并有呼吸问题。他16岁以前一直接受家庭教育。他的父亲尼古拉斯（Nicolas）是一位皇家顾问，管理5家农场的财政，他的母亲是加拿大总督的姐姐。

马勒伯朗士后来就读于巴黎大学马其学院，两年就获得了文学硕士学位，之后又在巴黎索邦神学院学了3年神学。1665年，他在圣雅克市郊做了一名牧师。他的家人全力支持他在教堂的工作。1674年，除了教授数学，他没有其他官方的工作。1690年，教堂将马勒伯朗士的《论自然和恩典》一文刊登在一本书上，结果这本书被天主教列为禁书之一。这是因为马勒伯朗士认为人们所有的思想都是上帝的意愿，这种主张具有一定的争议性，另一个原因是马勒伯朗士一直不遗余力地宣扬笛卡儿数学（笛卡儿的著作是天主教的禁书，信仰天主教的教民不能阅读，也不能在教会学校讲授笛卡儿的著作）。尽管马勒伯朗士最重要的著作《探索真理》给他赢得了很多荣誉，但世人普遍认为他的学生（如戈特弗里德·威廉·莱布尼茨）更有才华。马勒伯朗士本人很支持他学生的研究工作。

1871年，哲学家传记作家亚历山大·坎贝尔·弗雷泽（Alexander Campbell Frasier）在一篇文章里写到年轻的哲学家乔治·伯克莱（George Berkeley）是如何意外地导致了马勒伯朗士死亡的：

（伯克莱）发现聪明的马勒伯朗士神父在一个小修道院里，小瓦罐（可以直接放在火炉上的陶瓷煮锅）里熬着药，当时他一直受肺炎的折磨。他们很自然地讨论到了伯克莱的哲学体系，马勒伯朗士是从一本新出版的翻译作品中对伯克莱的哲学体系有所了解的。但对马勒伯朗士来说，这次争论却是一个悲剧。在争论达到激烈状态时，他的声音越来越大，充分展现出了人类本能的冲动和法国人的急躁天性。这使得他的病情加剧，几天以后便去世了。

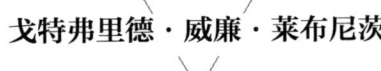

戈特弗里德·威廉·莱布尼茨

莱布尼茨是谁？

戈特弗里德·威廉·莱布尼茨是德国哲学家、科学家、数学家及历史学家。他因形而上学的唯心主义及认识论上的理性主义闻名于世。另外，他在天文、生物、工程、信息技术、法律、逻辑学、医学、古生物学、文献学、社会科学及拓扑学等方面都有所成就。他发明的计算器可以进行加、减和求平方根的计算。据说拿破仑·波拿巴（Napoleon

Bonaparte）采用了莱布尼茨设计的侵略埃及的计划。莱布尼茨一生中著有多部长篇巨作。

关于莱布尼茨的一生，我们了解多少？

戈特弗里德·威廉·莱布尼茨出生于德国莱比锡，他的母亲是一位教授的女儿，莱布尼茨的父亲也是一位教授。在他6岁时，父亲就去世了。莱布尼茨进入莱比锡大学，主修哲学和法律。在他20岁时就完成了所有的学业，但由于太过年轻，学校没有授予他法学博士学位。然后他去了阿尔道夫，在那里获得博士学位并顺利获得教授一职。但是他并没有接受这一工作，转而成为德国纽伦堡玫瑰十字会的秘书。随后，他加入约翰·菲利普·冯·申博恩（Johann philipp von Shonborn）大军，申博恩是德国西部城市美因茨选帝侯。在此期间，他没有进行哲学研究，为了赚钱，他主要撰写历史书籍和传记。

1672年，莱布尼茨去了巴黎，4年后为汉诺威公爵约翰·弗里德里希（Johann Friedrich）服务，在公爵去世后，莱布尼茨又为新任汉诺威公爵恩斯特·奥古斯特（Ernst August）服务，之后是格奥尔格·路德维希（Georg Ludwig）。1714年，路德维希成为英国国王乔治一世（George Ⅰ）。1685年，恩斯特·奥古斯特委任莱布尼茨撰写布鲁斯维克（Brunswick）家族的历史。在游历了慕尼黑、维也纳及意大利后，莱布尼茨在调查文章中描述了布鲁斯维克家族与埃斯塔（Este）家族之间的关联。

莱布尼茨与恩斯特·奥古斯特的太太索菲（Sophie）和她的女儿索菲·夏洛特（Sophie Charlotte）保持着密切的通信。索菲·夏洛特后来成为普鲁士女王。莱布尼茨后来成为柏林科学协会的主席，而夏洛特就居住在柏林。夏洛特死后，她家人就不再欢迎莱布尼茨了（可能是因为他们怨恨夏洛特生前与莱布尼茨的关系）。

无论是在理论研究上还是在科学实践上，莱布尼茨一直都为科学研究领域的交流与合作做着不懈努力。同时，他也希望所有的基督教徒能联合起来。1712—1714年在维也纳，莱布尼茨被授予了很有威望的政府职位。但在他去世时，他的皇家资助者和大多数认识他的知识分子都背弃了他。他们这么做有很多原因：在莱布尼茨与艾萨克·牛顿的争论中，他们支持了牛顿；莱布尼茨不再受到索菲·夏洛特的保护；他的哲学作品并不受欢迎。在他去世后，皇家协会和柏林学会都没有授予他任何荣誉。当他的葬礼举行时，国王乔治一世就在附近，但是他没有出席，也没有派代表参加。

莱布尼茨的坟墓在将近50年的时间里没有任何标记。后来索菲·夏洛特的一位后人决定让人们重新记起莱布尼茨。虽然人们尚不清楚他与艾萨克·牛顿关于发现微积分的争论对他的名誉与地位有怎样的影响，但是很显然，这场争论使他受到的伤害远远大于牛顿受到的伤害（牛顿声称莱布尼茨抄袭了他在微分学领域的研究）。

莱布尼茨去世前，他正忙于撰写一部关于中国哲学的宗教著作及《莱布尼茨与克拉克论战书信集》（*Leibniz-Clark Correspondence*）一书，在书中他几乎抨击了牛顿形而上学体系的每个环节。

当你在学校做这些微积分的题目时，应该感谢莱布尼茨。（图片来源：iStock 图像）

关于微积分，莱布尼茨和牛顿有哪些争论？

戈特弗里德·莱布尼茨非常聪明并善于社交，他喜欢与别人就某些观点交流意见并进行合作。然而，在他生命的最后一段时光，他却深受艾萨克·牛顿支持者们言论的困扰，这些支持者称他实际上剽窃了牛顿的微分学理论。莱布尼茨发表声明说，他在1637年去英国时，有人向他介绍了牛顿的微积分工作，他还给牛顿写了信。

牛顿通过一个中间人把回复的信函交给了布莱尼茨，尽管牛顿谈到了二项式定理，但关于微积分（"流数术"）的内容只包含以下一句拉丁语。牛顿以密码的形式呈现这句话："aaaaa cc d ae eeeeeeeeeeee ff iiiiii lll nnnnnnnnn oooo qqqq rr ssss tttttttt vvvvvvvvvvvv x。"这句话的意思是："任何方程式，都存在变量，可以利用微积分去发现变量，反之亦然。"没有人能理解牛顿写给莱布尼茨的内容，也没有人将其与微分学联系起来，尽管这串字母有时被引用来说明牛顿的理论是多么的不合理。然后，莱布尼茨自己发明了微分学，向牛顿的中间人展示了它，并于1684年发表了他的方法。到1695年，牛顿的追随者开始指控他剽窃。

几个世纪以来，学者们已经为莱布尼茨洗清了剽窃的嫌疑。结论是，他们各自独立发明了微积分，而且牛顿是首先发明出来的，尽管莱布尼茨先发表了它。

莱布尼茨在胚胎学领域有怎样的观点？

戈特弗里德·威廉·莱布尼茨相信"先成说"，该理论宣称所有的生物一旦被创造出来，它们的子孙后代就会从完全成形的种子中发育出来，人类中的侏儒和动物的畸形也是以这种方式发育的。一些"先成说"主义者相信，人类的连续性早已存在于伊甸园里亚当的睾丸中了，而其他"先成说"主义者认为人类的连续性存在于夏娃的卵巢中。这两种观点分别叫作"精源学说"和"卵源学说"。

与"先成说"相对应的理论是"渐成说"，"渐成说"认为个体是晶胚在一定时间内发育的结果。然而，在人们真正地了解遗传和受精的知识之前，人们就已经知道了物质本身不能自行成为一个复杂的有机体，"渐成说"提供了一些可利用的证据，使该理论看起来有一定的道理。

安东尼·冯·列文虎克（Antoni van Leeuwenhoek）是一位技术高超的荷兰透镜研磨师，他创制的显微镜能将物体放大200倍。在1700年前后，在他成功地观察了细菌之后，他报告说能观察到男性和女性的生殖细胞：

> 我已经观察了健康男子的精液，在精液射出的五六分钟后，精液还没有变成浑浊的即将腐烂的液体。我注意到了大量的微小生物，在不到一粒沙那么大的面积里，它们的数量超过了1 000个。

列文虎克报告说，他在池塘的浮渣、齿菌斑及30多种动物的精子中，观察到了具有完整外形特征的微小动物。他被推选为皇家学会成员，并且他对于缩微世界的描述成为"先成说"的证据——宇宙中的一切都由上帝一次性地创造出来。

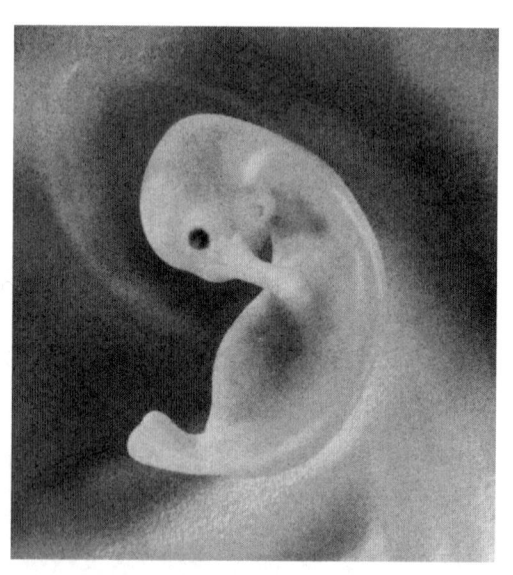

戈特弗里德·威廉·莱布尼茨认为人类从一开始就被预先决定了。换句话说，他认为每个人在成为子宫中的胚胎之前就已经完全形成了。（图片来源：iStock 图像）

形而上学唯心主义是什么？

形而上学唯心主义在哲学史上可以追溯到古代的前苏格拉底时期，后来，柏拉图将其完善。形而上学唯心主义认为最终存在的真实事物是非物质的、不能被感官明显感觉到的。基于这一观点，上帝被人们认为是非物质的、真实的，因此所有的基督教哲学家都是唯心主义者。但是形而上学唯心主义者经常指那些认为意识和其他精神内容比自然世界中存在的事物更真实的人。

 莱布尼茨对哲学的独创性贡献是什么？

莱布尼茨的主要著作包括《单子论》（Monadology）、《论形而上学》（Discourse on Metaphysics）、《自然神学》（Theodicy）、《莱布尼茨与克拉克论战书信集》，以及一些政治作品和大量未出版的书稿。莱布尼茨的宇宙观较为复杂并且与常识相悖，在理论上有极大的吸引力，并保护了基督教的核心信念。他的哲学作品具有高度复杂性，并有相应的专业术语。他宣扬他的哲学观基于如下这些普遍原理：同一性原则、最佳原则、充分推论原则、形而上学的必要原则、序列原则、因果原则和自然原则。另外，根据莱布尼茨的著作《单子论》，他认为真实世界最基本的单位是单子。

 莱布尼茨如何定义他的这些原则？

莱布尼茨基于以下原则发展了自己的哲学观：

同一性原则——这是必然真理和无矛盾规律。A 就是 A，永远不会是非 A。必然真理的反面是矛盾。

最佳原则——偶然真理可以具有与其不矛盾的对立面。上帝具有非凡的智慧，他善良、充满力量，他没有必要一定要创造这个世界。但是上帝做出了这一选择，并且因为他的选择，我们才有了这个有可能是最好的世界。

充分推论原则——每一个事物的存在或发生，必定存在导致其发生的充分原因。

形而上学的必要原则——莱布尼茨提出了一些原则，其中包括：每一个可能的事物都需要在世界上存在并必将存在，除非被阻止；活动是物质存在的基础；事物保持自身的状态，除非某个原因促使它做出改变。

序列原则——该原则包括 3 个序列规律：连续规律；每个行为都包括一个反应的规律；

因果相等规律。

效率和最终因果关系原则——有效的原因能导致事情即刻发生，而终极原因是指更高实体的目的或目标。有效因果关系为最终因果关系服务。

自然原则——上帝允许一切事物存在和发生，他从自然中做出选择；否则他将持续地演绎奇迹。自然的东西总是具有基础性，又处于必然与偶然之间。

庞格罗斯博士是谁？

才华横溢的法国讽刺散文家伏尔泰（Voltaire）在他的小说《老实人》（*Candide*）中，通过庞格罗斯博士（Dr. Pangloss）这一角色，对莱布尼茨的哲学乐观主义进行了讽刺。小说主人公老实人是一个男爵的私生子，他过着奢侈的生活，庞格罗斯博士是他的老师。（"pan"在希腊语中意为"所有"，"gloss"意为"舌头、言语和词汇"，因此庞格罗斯博士可译为"言语博士"。）

庞格罗斯博士向老实人传授"形而上学—神学—宇宙论"。这种教学是对莱布尼茨和诗人亚历山大·蒲柏（Alexander Pope）哲学乐观主义的讽刺，伏尔泰发现这种乐观主义很难与现实的人类苦难相协调，比如1755年里斯本地震造成了严重破坏及法国大革命前旧制度对人民也进行了极度的压迫。

哲学乐观主义认为，因为上帝是仁慈的，所以世界上的一切也必须是好的。事实上，这是最好的世界，它里面的每一样事物，包括那些看似邪恶的事物，在大千世界里都是必然的，而且是为了最好的结果。以下是伏尔泰讽刺作品中庞格罗斯博士表达其信仰的一段话：

"很明显，"他说，"事物不可能不是现在的样子；因为一切事物都是为了某种目的而被创造的，它们必然是为了最好的目的而被创造的。例如，鼻子是为了戴眼镜而形成的，所以我们戴眼镜。腿显然是为了穿长袜而设计的，所以我们穿长袜。石头是用来雕刻和建造城堡的，所以公爵有一座宏伟的城堡；这个教区最伟大的男爵应该拥有最好的住所。猪生来就是为了被吃的，所以我们全年都在吃猪肉；而那些断言一切事物都是正确的人，并没有正确表达自己。他们应该说一切事物都是最好的。"

莱布尼茨的单子论是什么？

和勒内·笛卡儿一样，莱布尼茨认为存在的基本单位是实体。但是笛卡儿假设存在两种基本实体——意识与物质——而莱布尼茨只假设了一种非物质的实体，这就是"单子"，他还举出了许多单子的例子。依据莱布尼茨所述，单子是灵魂、思想或精神力量不可分割的单位，每个单子将其他所有单子视为自己内在状态的一部分。

每个单子都拥有一个对其他单子的状况作出"反应"的有机体，这种"反应"并不是直接效果。也就是说，就像动物的每个细胞都包含该动物的所有染色体和基因一样，莱布尼茨认为每个单子自身都包含有关世界的完整信息。并且，每个单子都包含它自身的未来状态。当然，在这些未来状态里，单子对其他每个单子的未来状态都会形成感知。这个单子的世界体系是上帝创造的，该体系的主要特征是它具有已经预设好的和谐，所以人能对直接的相互作用和相互关系产生相应的感知。

单子形成群体和不同级别的支配单子群。这些单子的聚集组成了真正的物质存在。空间和时间是抽象的概念，而非实体存在。莱布尼茨认为空间是可能共存的形式；时间是可能连续存在（即存在的事物）的形式。

17世纪经验主义

 自然法则是什么？

自然法，也叫自然法则，是人类行动的一系列规则，人们通常认为自然法则有神圣的来源。自然法则作为普遍的道德和政治法则，首先由斯多葛学派哲学家将其概念化。他们相信自然法则是宇宙基本结构的一部分。一些早期的思想家认为自然法则可以应用到动物世界和人类生活中。

基督教神学家后来将自然法则的观点视为人类行为不证自明的原则，这些原则只能被理性生物所认识。托马斯·阿奎那认为人的理智可以揭示出上帝的意图——为了保持共同利益或者整体利益，我们应该有怎样的行为表现。遵循自然法则是服从上帝旨意的重要部分。不同国家和人民的特定法律或许不同，但是自然法则的基本原则却是通用的。

关于自然法则，雨果·格劳秀斯提出了哪些有影响力的观点？

雨果·格劳秀斯将自然法从一种为公共利益而制定的规范，转变为一种限制个体在追求自身独立利益时所能做的事情的学说。也就是说，他将托马斯·阿奎那的自然法观念从一种集体观念转变为个体观念。这种思想对托马斯·霍布斯和约翰·洛克发展的政治哲学有深远的影响。

根据格劳秀斯的《战争与和平法》（The rights of War and Peace），人们可以利用自然法则解决宗教争端和国际争端。他认为观察人性可以了解自然法则。他根据观察总结出人具有社会性和好斗性，每个人都有权利限制其他人的行动。政府是在牺牲某些人的某些权利的基础上产生的，其产生的目的是使我们的生活得到改善。格劳秀斯认为，即使没有上帝，我们也有义务遵守自然法，尽管他也认为上帝确实执行着自然法。

霍布斯和洛克基于自然法则构想了有关公正、有益的政府的理论。然而，霍布斯强调人性好斗性的一面，而洛克则强调人性的社会性。

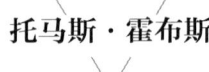

托马斯·霍布斯

 托马斯·霍布斯是谁？

托马斯·霍布斯比其他17世纪的哲学家更直接地将当时的原子论和科学唯物主义应用在形而上学中。霍布斯认为世界上的万事万物都是由物质和运动引起的。他是批判笛卡儿学说的早期批评家之一，并被同时代的人视为无神论者。霍布斯对人的自然状态进行了描述并以该描述著名，他将人描述为"孤独、贫困、污秽、野蛮而又短暂的"。

 托马斯·霍布斯过着怎样的生活？

霍布斯的父亲是英国韦斯特波特（Westport）教区的牧师，但是因为他参与了教会外的一场争论，所以不得不离开伦敦。托马斯·霍布斯的伯父是马姆斯伯里（Malmesbury）的议员，资助了霍布斯的教育。1602年至1608年间，霍布斯在牛津大学学习希腊语和拉丁语。毕业后，他担任了卡文迪什勋爵［Lord Cavendish，就是德文郡伯爵（Earl of Devonshire），他是霍布斯职业生涯的主要赞助者］的长子威廉

（Willaim）的家庭教师。1610年，霍布斯与威廉游历欧洲大陆。当时约翰内斯·开普勒首次发表了行星轨道是椭圆形的研究结果。伽利略·伽利莱也在1610年发表了他用望远镜观察到的结果。霍布斯回到英国后遇到了英国政治家、科学家和哲学家弗朗西斯·培根。培根认为有必要摒弃亚里士多德科学观，霍布斯表示赞同。然而，培根认为科学知识源于观察，霍布斯并不赞同培根的归纳法。与此相反，霍布斯认为知识体系的发展源于物质和运动的最初原则，经验的本质正是从这些原则中推导出来的。

随后，霍布斯开始阅读经典著作，并在1628年将修昔底德（Thucydides）的历史翻译成了英文。就在那时，卡文迪什勋爵去世，公爵夫人为了减少开支而解雇了霍布斯。因此，霍布斯回到欧洲，在另一个贵族家庭工作，成为克林顿爵士（Sir Clinton）之子的家庭教师。他开始对几何学感兴趣，认为几何学可以作为一种传达哲学体系的工具。当霍布斯遇到天文学家、牧师、哲学家皮埃尔·伽桑狄和伽利略时，他对天文学的兴趣又被激发了出来。

从那次改变之后，霍布斯把科学原理应用到了人类世界，尤其是政治和历史领域。1637年，他撰写了《小论文》（Little Treatise），这是一篇以几何学的形式阐述了感觉经验的文章，既是对亚里士多德理论的抨击，又是他自己独创的思想体系。他认为，人们察觉不到的粒子运动的变化是知觉产生的原因。

1650年，霍布斯将《法律的原理》（Elements of Law）分为两部分出版：心理学论文《人性论》（Human Nature）与表达支持统一政府观点的《国家论》（De Corpore Politico）。当英国政治力量更替时，《国家论》这本著作使霍布斯的生活陷入危险。因为他的唯物主义观点，人们怀疑他是一名无神论者，并且因为他不信奉基督教而被他人排斥。总之，他维护君主政体的做法使议会反对他。与此同时，在查理二世成为国王之前，霍布斯曾担任其数学老师，并出版了一部伟大的著作《利维坦》（Leviathan）。

在1645年至1663年间，霍布斯卷入了与其他思想家长期的争论中。他与北

托马斯·霍布斯将当时的原子论和科学唯物主义应用于形而上学中。（图片来源：iStock图像）

爱尔兰德瑞市主教约翰·布拉姆韦尔（John Bramwell）在自由意志这一问题上进行了争论。牛津大学的两位教授对霍布斯非常不满：几何学教授约翰·沃利斯（John Wallis）痛斥霍布斯把圆变成方形的想法（这是自古以来的一个难题，人们想要设计出一种方法，可以画出与所给的圆面积相等的正方形）。天文学教授赛思·沃德（Seth Ward）反对霍布斯的整个哲学体系。

霍布斯75岁时还打网球，84岁时，他用拉丁文诗句重新撰写了自传。在86岁的时候出版了《伊利亚特和奥德赛》（Iliad and Odyssey）的译著。

与霍布斯同时代的人讲述了霍布斯的哪些故事？

根据霍布斯的同代人约翰·奥布里（John Aubrey）所写的霍布斯传记，霍布斯在牛津大学时，常常一大早就起床，带着吊锤、捆扎线和两块奶酪出去捕鸟。他会将捆扎线涂上粘鸟胶（一种用于捕鸟的黏性物质，可以把鸟的脚粘在某个东西上），然后用奶酪做诱饵。寒鸦从远处看到诱饵就会飞过来啄食。年轻的霍布斯这时就会拉动线绳，铅块就会粘住鸟的翅膀。（奥布里没有提供之后的细节。）

1665年，英国发生了瘟疫。1666年，伦敦遭遇了大火。之后，人们开始寻找上帝发怒的原因。议会通过了一项法案来镇压无神论，并成立了一个委员会来调查霍布斯的《利维坦》。有报道称，霍布斯的肖像已被焚烧，霍布斯担心自己的文稿会被搜查，于是自己烧毁了其中的一部分。当时的国王喜欢霍布斯，他的介入使霍布斯免遭责难，但从那时起，霍布斯被禁止发表他的作品。罗马天主教会和牛津大学都将他的书列为禁书，甚至有时候还会焚烧他的著作。

 霍布斯是怎样解决笛卡儿的"心身问题"的？

霍布斯不理解勒内·笛卡儿关于思维实体的想法。他首先批评笛卡儿混淆了思考的事物和思想的行为。关于思考的事物，霍布斯写道，"思考的事物是物质的。因为只有把事物看作物质的，其动作的原因才能被理解"。在形而上学的历史上，这等于说霍布斯通过否认存在非物质的思维实体来解决了"心身问题"，因为所有存在的事物都必须是物质的。

霍布斯是怎样解释感觉、记忆、想象力、思想和情感的？

霍布斯把感觉描述为心脏跳动对人体产生的效应。感官总是具有"与其相关的记忆"，因为身体外部因素作用在感觉器官上，感觉器官将这种影响保留下来。只要感觉器官被一个事物影响，它们就不可能被另外一个事物影响。想象力是"衰退的感官"。如果感觉的源头被移去，那么记忆就与想象力相似了。当然，记忆会给人留有似曾相识的感觉。

霍布斯认为思想需要大脑的活动。他提出的无控制思想的想法引发了后来的"思想关联"理论（头脑中的一个思想可以自动引出另外一个思想）。霍布斯认为虽然人类和动物为了达到某一目标而必须做出某种行为，但是人类的独特之处在于人类做事是小心谨慎的。谨慎意味着人从能够完成的任务做起，然后

托马斯·霍布斯著作《利维坦》的封面。（图片来源：艺术文献库）

对完成的结果进行衡量，从而指导之后的行动。谨慎也会随着经验的增长而增长。

霍布斯把热情，或情感，叫作"尝试"。霍布斯假定人类有两种行为：一种是必需行为，比如说呼吸、营养、血液循环；另一种则是动物行为，比如说自愿的行为。开心是一种发自内心的情感。欲望是人努力向能够使其获得愉悦之物靠近，而厌倦则是试图远离令人厌倦的事物。

 霍布斯关于自由意志的看法是什么？

在他的著作《关于自由、必然和偶然的问题》（*The Questions Concerning Liberty, Necessity and Chance*）中，霍布斯称自己对自由意志的立场为"必然主义"。他说，

在人类思想中，意志不代表任何东西，换句话说，不存在意志。但是存在着欲望，我们所说的意志就是在我们下定决心去做某事之前的最后的欲望。然而，一个完整的人是完全自由的。根据霍布斯的看法，人类的自由就是人能够渴望做什么就去做什么。自由，在他看来，就是完全的自主。

霍布斯还认为所有的行为都有其原因，或者说这些行为是必然的。但是我们要为自己所做的事负一定的法律责任，因为我们要为自己的决心或者说是自由意志付出代价。这种惩罚的目的就是防止他人犯错误，以此来维护公正。

 霍布斯在《利维坦》中提出了关于政府的什么理论？

霍布斯主张通过强有力的君主政体来重新定位个人在其多变的政治社会中的角色。他首先提出了对自然状态的想法，那是一种没有政府的生活状态。霍布斯的方法是从这种原始状态出发，加上对人类本性的理解，来确定政府的用途和正当性。

霍布斯认为，人类在自然状态下，力气是大致相当的，因为即使最弱小的人也有可能杀死最强大的人。他们并非生来就是友善的，而是长期处于一些人反抗另一些人的状态中，也就是战争状态。事实上，人类寻求彼此交往，或者联合起来对抗第三方，仅是为了满足他们的虚荣和贪欲。没有政府及其建立和支持的稳定组织机构，在这种自然状态下的生活便是"孤独、贫困、污秽、野蛮而又短暂的"。

人类在自然环境中具有正确的理性，其中首要的理性就是保护自己。他们同样也对自然法有着自己的看法，首先要尽可能地保持和平状态。但是为了能够保持和平，各方需要一个可强行实施的契约，否则一方执行后，很难确保其他方也会执行。霍布斯写道："没有强制力，而仅仅是书面的契约，这根本无法保护人类。"

 霍布斯关于社会契约的思想是怎样的？

社会契约论是霍布斯用来解决自然状态下不完美生活的方法。它是公民之间的一种协议，即放弃他们伤害彼此的个人权力，并将所有这些权力转移给主权者或"利维坦"。作为回报，主权者将维持秩序，这将使人们能够享受文明生活的所有好处，如公正的法律制度、教育、婚姻、财产安全，以及艺术和科学的繁荣。

但是霍布斯的"利维坦"也对其臣民有着绝对的权利，包括他们生活的权利、审查权、支配他们参军的权利，以及政府对其强加其他义务的权利。臣民保留的唯一的权利就是保护自己与抵抗关押和被处决的权利。法律就是主权国家的命令。一旦国家从人民那里得到了权利，唯一能够使统治者下台的方法就是他们自己让位或者是外敌的侵略。

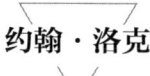

约翰·洛克

 约翰·洛克为什么如此重要？

作为一个知识哲学家或认识论者，约翰·洛克避开了笛卡儿提出的形而上学问题，而提出了关于心灵及其能力的理论，为现代教育、心理学和科学哲学的观念奠定了基础。

洛克关于民主政治和个人权利的政治观点不仅仅是现代英国议会制度的基础，也是美国宪法的基本原则的基础。他的自然法思想至今仍是重要的政治理论。

 洛克一生的重大事件及重要著作有哪些？

约翰·洛克出生在英国萨默塞特郡的灵顿，他的父亲是一名律师和地方执政官，他曾经支持议会，反对国王查理一世。1646年，洛克在威斯敏斯特学校学习古典文学、希伯来语和阿拉伯语。从威斯敏斯特学校毕业后，他进入牛津大学学习，在此期间，他对当时盛行的经院哲学感到不满。获得硕士学位后，他教授拉丁语和希腊语，并于1664年被任命为道德哲学监察员。

1661年，洛克的父亲去世，洛克继承的遗产足够他在经济上获得独立。不久，他结识了罗伯特·波义耳、艾萨克·牛顿等著名科学家，以及著名的医生托马斯·西德纳姆（Thomas Sydenham）。西德纳姆鼓励他钻研医学。洛克从没有进行过医学实践，但是人们认为他在医学领域的知识非常渊博。

1666年，洛克结识了艾什莉勋爵（Lord Ashley），他就是沙夫茨伯里（Shaftesbury）伯爵。当时沙夫茨伯里伯爵的肝脏长了一个受到感染的囊肿。洛克监督了他的手术，包括插入一根银管来引流伤口。沙夫茨伯里伯爵康复以后，对洛克很感激，因此长期地资助他。沙夫茨伯里伯爵支持洛克的哲学尝试，并在1668年将他推荐到了皇家学院。洛克通过与同事之间的谈论，完成了《人类理解论》（An Essay Concerning Human Understanding）的早期草稿。

洛克也在政治上为沙夫茨伯里伯爵工作，他的一些最为重要的贡献就是在此期间完

约翰·洛克的政治观点对英国政府的民主化和美国宪法的基本规则有重大影响。（图片来源：iStock 图像）

成的。洛克起草了英国殖民地卡罗来纳州的宪章，并担任贸易与种植园事务理事会的秘书。沙夫茨伯里伯爵因其领导的议会反对斯图亚特王室，被判处谋反叛乱罪。沙夫茨伯里伯爵虽然得到了赦免，但是被迫离开英国，逃往荷兰。洛克也一同随行，他在荷兰期间，国王取消了洛克在牛津大学的职位；在蒙默斯公爵（Duke of Monmouth）叛乱失败后不久，詹姆斯二世公开指责洛克为叛乱者。

洛克继续撰写著作，完成了《人类理解论》和《论宽容》（First Letter Concerning Toleration）。他还参与了促使新教徒威廉（Willaim）和玛丽（Mary）登上英国王位的计划。洛克是威廉的顾问。1688 年光荣革命后，他护送已成为奥兰治王妃的玛丽乘船回到了英国。

在 1689 年和 1690 年，洛克的两部主要著作《人类理解论》和《政府论两篇》（Two Treatises of Civil Government）得以完成。由于他的健康状况不断恶化，洛克不再参与政治上的活动。但他仍然继续写出了著作《教育漫话》（Some Thoughts Concerning Education）和《基督教的合理性》（The Reasonableness of Christianity），以及《为基督教合理性声辩》（A Vindication of the Reasonableness of Christianity）。最后这部著作引发了洛克和伍斯特主教爱德华·斯蒂林弗利特（Edward Stillingfleet）的论战。斯蒂林弗利特认为洛克对于物质存在的否定，等于否认英国国教教会的"三位一体"宗教教义，同时也是对通过灵魂不朽实现死后生活的障碍。

 洛克的社会契约论与霍布斯的观点有何不同，为什么不同？

洛克认为社会契约是公民或他们的代表与政府或国王所达成的协议。因为人类生活的基本设施和基础的社会机构在社会契约论之前就已经存在，所以洛克认为政府不是必不可少的，这种观点与霍布斯不同。在政府产生之前，人类社会存在和发展得很好，如果政府解散或者政府因某些合理原因被取消，社会也会依然存在。然而，如果有什么东西破坏社会，那么它同样会破坏政府。

洛克是如何用自然法来建构政府理论的？

在《政府论第一篇》（First Treatise on Government）中，洛克反驳了英国政治学家罗伯特·菲尔默（Robert Filmer）的观点，菲尔默声称国王是亚当的直系后裔，享有神圣的权利。洛克指出，无法准确地追溯这样的直系血统，因为人类既有母亲也有父亲，而且政治权力与父权制权力有根本的不同。

在《政府论第二篇》（Second Treatise on Government）中，他把自然法定义为上帝为人类制定的法则，包括人类为生活需求而劳动。上帝把地球和地球上的一切都给了人类，洛克因此问道：为什么会出现个人财产？因为个人财产需要利用地球上的资源才能获得。他的回答是个人把"将劳动与之混合"的任何东西都等同于他拥有的东西（洛克在此使用"将劳动与之混合"，也就是我们现在所说的"付出劳动"）。

洛克继续阐述道，在自然状态下，通过劳动积累财富有两个前提：一是要"留下足够多和足够好的资源"；二是不能浪费。第一个前提假定自然资源永远不会耗尽。第二个前提允许将未使用的物品存放在贵重物品中，这些物品可以用作货币，从而使剩余产品可以作为财富储存起来，而不会造成原生产者的浪费。在洛克的自然状态下，存在生产、合作和贸易。人与人之间基本上是和平的，除了少数违法乱纪者之外。为保证处罚的公正性，政府的存在是有必要的，但这也仅仅是为了在功能性和满意状态之余增加一种便利而已。

约翰·洛克认为人类的思想犹如一块白板，这是什么意思？

理性主义者认为我们天生就具有对世界的某些观念。与理性主义者不同，洛克则认为我们的心灵在出生时就像一块空白的石板。我们所有的观念都源于我们出生后两种不同的经历，一个是感官体验，另一个是我们对感官体验所做的反应和我们自己的思想活动。他反对先天论的主要论点之一是，人们并非都有相同的观念，他们的观念因他们的经历不同而有所不同。

洛克是怎样解决笛卡儿哲学的"心身问题"的?

洛克认为,我们所有的知识都源于我们的思想,并且我们对于物质还是非物质的东西都没有清晰的概念。如果物质存在,除了物质本身的特质,我们不知道任何关于它的东西。例如,洛克指出我们能够感知到金子的硬度、颜色和柔韧性,但是我们不知道是金子里面的何种物质使它具备这种柔韧性。

他讨论了人类个性中所隐藏的非延展性和非物质性的因素,是什么使得某人是这个人。洛克很关注如果某人在审判日被判有罪,那么正在受罚的这个人与他犯下罪行时的那个人是否是同一人的问题。他的回答是在那样特殊的日子里接受奖励或惩罚,如果你还有一些关于自己的过去记忆的话,你就是同一个人,你就知道自己与因为做了那些事而受审的人是同一人。

洛克拒绝为灵魂设定一种特定的形式或物质,这似乎与基督教的"三位一体"或上帝本性的宗教教条相矛盾。一些批评家,如英国神学家爱德华·斯蒂林弗利特,指责洛克否认复活的可能性,因为洛克认为不存在永恒的、非物质的灵魂实体。洛克对斯蒂林弗利特的回应是重申灵魂永生的信念,但是这是一种信念,而不是通过推理能够证明的事实。

斯蒂林弗利特相信,一些人体的实体形式对于人的复活是十分必要的。洛克的回应是,通过解读斯蒂林弗利特的观点,对他进行了嘲讽,认为他主张同一个身体必须直接从坟墓中复活。洛克写道:"我想阁下不会声称,在死亡之前通过出汗从身体分离出的微粒被存放在了坟墓里。"

 洛克关于实体的思想与他的知识理论有怎样的关系?

洛克将知识限制在感官信息和思想行为的范围内,对于这两种信息来源范围之外的内容,他持缓和怀疑主义的观点。洛克在《人类理解论》一书中提到,这本书是朋友们之间讨论的结果,这些讨论最终引发了关于在人类能力有限的情况下,他们可能知道什么的问题:"有必要检验我们自己的能力,看看哪些内容是我们的理解能力能够处理的。"洛克的方法不依赖于传统,或是其他哲学家所宣扬的东西,而是更关注"事物本身"。

根据洛克的理解,知识是某种事实的直接意识的反应。我们所能知道唯一的事实就是那些与我们的思想有着直接关系的事实，事实就是关于世界的真理。洛克认为我们不能获得关于世界的直接经验。世界上的事物通过我们的感官来使我们产生想法，所以我们所获悉的真理（事实）是关于思想之间的联系。对于洛克来说，这些想法是思想的目标，一些思想代表了世界上的事物。在《人类理解论》的第一卷中，洛克抨击了理性主义的天赋观念和天赋知识学说。他的论断是我们有与生俱来的能力，但是只有通过经验的作用之后才是知识——这就是洛克著名的"心灵白板说"。

在第二卷中，他把思想追溯到感官及对感官的反映，以此来解释不同类型的思想。感官的反映包括组合、分离、概括和抽象。对于洛克来说，我们的观点来自经验的印象。当我们在头脑中考虑我们想法的时候，我们能将不同的想法组合在一起，也可以将一个想法分解成更多的想法，整合概括这一组想法，或者是从一组想法中抽象出某种共有的性质。在第三卷中，洛克解释了词语是如何误导我们错误理解事实或"事物本身"的。第四卷探讨了我们在形成信念时应该如何引导我们的思维，以免离我们所知道的东西太远。

 洛克的教育思想有何创新之处？

洛克最初写下这些思想是为了回答他的亲戚爱德华·克拉克（Edward Clarke）提出的问题，克拉克的问题是他怎样抚养儿子，才能使其成长为一名绅士。对于那些拥有政府代表权，既不贫穷也不富裕、游手好闲的新的资产拥有者来说，这是个令人颇感兴趣的话题。洛克给克拉克的信最初于 1639 年匿名发表，而后便成为《教育漫话》，在 1800 年已经出版了 24 版，其中有 5 版是洛克生前亲自审阅的。

洛克建议应该观察孩子的性情，"建立起你对他的权威，接下来要做的是纠正他存在的不良行为"。他建议让孩子渐渐去接触物理学，这是一种创新。他还认为让孩子感觉有羞耻感是比体罚更好的教育工具。

洛克的教育体系认为应将男孩培养成为有资产、有事务处理能力的人，这要求孩子要饮食简单、训练肠道功能、睡硬床、早起，无论什么天气都光头赤脚做户外锻炼。母亲的溺爱和仆人的盲目伺候应该减至最低程度。洛克认为，孩童时期的自我约束力会促使孩子长成坚强的成年人。洛克认为孩子应该在家庭中通过严格的家庭教师来接受教育，强化语言知识的学习。他不建议诗歌或抽象、推理的学习，而是将天文学、地理学、解剖学、历史学和几何学作为家庭课程的一部分。他也建议绅士的儿子至少需要具备一项手工技能，比如绘画、木工、园艺或金属加工制造。

 为什么洛克关于宗教的观点具有影响力？

洛克对于宗教有普遍的认识，他建议在基督教内部对相互竞争的教派采取宽容的态度。然而，他的宽容并不适用于天主教，但这并没有减少它在基督教社群中的影响力。1659年，洛克出版了《基督教的合理性》一书，他考虑了揭露事实的有效性，但前提是对事实的揭露不能违背先前所接受的事实和信念。

他建议英国教会改革，为了吸引反对者，教会可以削弱主教的力量，消除所有神秘事物、宗教仪式和迷信信念，以及减少承认耶稣基督是救世主的宗教信条。

在他的著作《宽容书信》（Letter on Toleration）中，洛克反对宗教的各种迫害，反对任何干预宗教实践合法化的法规。他对宽容的认可，尤其是关于政府的一部分内容，对美国宪法中教会和国家分离的规定产生了深远影响。

为什么洛克的传记作家认为他一生中的最后几年是很快乐的？

洛克一生漂泊不定，直到17世纪90年代初，因为他的健康状况逐渐恶化，他搬进了达玛丽丝·卡德沃思（Damaris Cudworth）的家中，她后来成为梅沙姆夫人（Lady Masham）。传记作者认为，几十年前洛克很可能已经向她求婚了。当洛克加入梅沙姆家庭时，他与达玛丽丝的丈夫弗朗西斯爵士（Sir Francis Masham）关系友好，尽管他作为客人受到欢迎，但他仍坚持每周支付一英镑的租金。他带着自己5 000册的个人藏书和私人物品搬入新家，所有物品都在梅沙姆夫人签字的清单上进行了登记（这是洛克搬家时的常规做法）。埃塞克斯郡奥茨的乡村空气比伦敦更适合洛克的肺部，他得以继续写作、接待访客并与朋友保持书信往来，直到去世。

然而，对于这种安排并非没有反对者。约翰·爱德华兹（John Edwards）认为洛克的《基督教的合理性》是一部具有破坏性的，甚至是无神论的著作，他称洛克为"奥茨后宫（妓院）的州长"。

剑桥柏拉图学派

 剑桥柏拉图学派是什么？

如果没有提到剑桥柏拉图学派，关于17世纪哲学的讨论就是不完整的。剑桥柏拉图学派是指一群关系较为松散的哲学家、神学家和人文主义作家。他们反对新科学，以及试图进行以新科学为基础的理性主义和经验主义哲学尝试，尽管他们往往对自己所反对的学说的内容并不了解。在精神层面上，他们更接近新柏拉图学派，例如柏罗丁和普罗克洛斯，而不是柏拉图。他们也对毕达哥拉斯、马尔西利奥·菲奇诺及赫尔墨斯·特利斯墨吉斯忒斯比较感兴趣。

柏拉图哲学对剑桥柏拉图学派的主要影响在于关于完美世界的想法，完美世界的概念超越了感官，是引发我们通过感官在世界上经历生活的原因。那些受到新柏拉图学派影响的人将基督教信仰和他们基本的柏拉图哲学观点结合起来，认为完美的柏拉图世界是由一种力量或神来统治的，就像基督教中的上帝一样。

他们的目标是捍卫"真正的宗教"，反对加尔文主义、无神论，以及像勒内·笛卡儿、托马斯·霍布斯这样的机械论哲学家。剑桥柏拉图主义者对哲学中心发展并没有产生巨大影响，但是他们的个人贡献一直对人们的智力生活有着深远的影响。

剑桥柏拉图主义的基本原则是一种较为模糊的宗教信仰，这种信仰最早是由乔瓦尼·皮科·德拉·米兰多拉提出的，他说毕达哥拉斯和柏拉图的哲学都建立在摩西教义的基础之上，摩西教义表现在犹太神秘哲学和犹太教神秘传统的其他方面。摩西教义信仰肯定了神的存在、灵魂的不朽，以及通过"精神"使自然充满生机的观点。他们确信人有自由意志，还认为理智是宗教事务中最主要的内容。然而，他们不是经验主义者，因为他们相信天生固有的思想，以及天生的道德和宗教原则，这些是可以通过直觉来识别的。但是，还请大家记住，并不是所有被称为"剑桥柏拉图主义者"的人都持有相同的观点。

 剑桥新柏拉图主义者都有谁？

大家公认这个组织的创始人是本杰明·惠奇科特（Benjamin Whichcote）。惠奇科特称理性为"主的明灯"。亨利·莫尔（Henry More）、拉尔夫·卡德沃思（Ralph Cudworth）和约翰·史密斯（John Smith）3人是著名的剑桥柏拉图主义者（卡德沃思是达玛丽丝·卡德沃思的父亲，达玛丽丝是约翰·洛克终身的朋友，也是他最后几年住所的女房东）。其他有记载的剑桥柏拉图主义的代表人有纳撒尼尔·卡尔弗韦尔（Nathaniel Culverwell）、彼得·斯特里（Peter Sterry）、乔治·吕斯特（George Rust）、约翰·沃辛顿（John Worthington）、西蒙·帕特里克（Simon Patrick）。惠奇科特、莫尔、卡德沃思、史密斯都与伊曼纽尔学院有联系。加尔文主义是当时的主导性教义，受到了剑桥新柏拉图主义者的反对。亨利是该组织中最活跃的成员。

 亨利·莫尔是谁？

亨利·莫尔是"殉道者"英国法官托马斯·莫尔爵士的曾孙。亨利17岁时就读于剑桥大学基督书院，并在那里度过了一生。他在1641年成为研究员，他认为自己独特的使命是消除或"治疗"无神论和和狂热主义，他将这两者称为"头脑中的两种混乱局面"。他试图使哲学家转而信仰他所理解的基督教。他感兴趣的领域包括新柏拉图主义、女巫和鬼魂的报道、科学及勒内·笛卡儿的哲学。

然而，他与笛卡儿不同的是他坚持认为动物有灵魂。他抨击托马斯·霍布斯和斯宾诺莎的"无神论"。他是剑桥柏拉图主义者安妮·康韦（Anne Conway）的导师，安妮转向贵格会后，亨利·莫尔对她进行了谴责。据说是莫尔创造了"笛卡儿主义"和"唯物主义者"这两个名词。亨利·莫尔的著作包括一部英国耶稣会的历史、一些翻译作品和他撰写的《我们的救世主耶稣基督的生活和教义》（Life and Doctrines of our Saviour Jesus Christ）。

亨利·莫尔主张人和动物都有灵魂。（图片来源：iStock 图像）

 安妮·康韦是谁？

安妮·康韦因她的哲学著作《大部分古代和近代哲学的诸种原理》（The principle of the Most Ancient and Modern Philosophy）而著名。安妮撰写这部作品是为了推翻勒内·笛卡儿的二元论和亨利·莫尔的理论。她假定存在许多无限数量的有序单子，每一个都"凝结为精神",是现实的最终组成部分。她受到炼金术士弗朗西斯科斯·默库里乌斯·冯·海尔蒙特(Franciscus Mercurius van Helmont)的影响,海尔蒙特把她的作品送给了戈特弗里德·威廉·莱布尼茨。莱布尼茨也承认自己受到她的影响,有些人认为莱布尼茨从安妮·康韦那里学习了"单子"一词。

安妮·康韦的身体病痛与她的哲学和宗教有什么关系?

安妮生于1630年12月14日,在她出生后的一个星期,她的父亲,英国国会下议院的议长,赫尼奇·芬奇(Heneage Finch)便去世了。由于她学过拉丁语、希腊语和希伯来语,所以她能够与亨利·莫尔通信,亨利·莫尔曾是她在基督学院的哥哥的导师。莫尔非常看重她的才智。她20岁时与爱德华·康韦(Edward Conway)结婚,婚后仍然与莫尔保持通信。莫尔在信中写道,"没见任何人,男人或女人,像康韦夫人那么有天赋"。

她学习哲学并有可能转为贵格会成员的一个动机是,她需要一个善良、强大的神的存在,从而调和与世界上的痛苦和经历之间的关系。安妮终身患有极其严重的头痛病,她甚至接受颈静脉放血治疗以寻求缓解。

性别和早期现代女性哲学家

为什么性别是早期现代哲学研究的一个重要课题?

总的来说,17世纪的社会和家庭生活,以及性别观念与我们现在所持有的观念完全不同,这是早期现代哲学重要的社会背景。有趣的是,17世纪著名的哲学家——笛卡儿、斯宾诺莎、莱布尼茨、霍布斯和洛克都是单身汉,他们的哲学和科学领域的绝大多数同事也都是单身。

> **为什么17世纪伟大的哲学家和科学家都是单身汉?**
>
> 在那个时期,他们中的一些人要么比较贫穷(如笛卡儿、斯宾诺莎、洛克),要么因为身为牧师而被禁止结婚(如马林·梅森神父和皮埃尔·伽桑狄神父),要么因

为受到做学问的男人不能有自己的家庭这一传统的影响。例如，当时牛津大学的教授是不允许结婚的，格雷沙姆学院（Gresham College）的七位院士也全是单身汉。还有一个原因可能是当时普遍存在的对女性特质的看法。女性无法成为学者，人们认为妻子和家庭生活会分散男人在学习上的注意力，而且性生活会削弱学者的智力。

 为什么早期现代科学家和哲学家的单身状态很重要？

毫无疑问，独身状态的缺点是缺乏长期的亲密关系，缺少成年以后与子女和家庭生活的经历。但是单身的生活方式进而支持了从孤立个体角度看待世界的观点，以及哲学家的头脑总是与自己性别相同的假设。

 婚姻可能会改变17世纪哲学家的感情生活吗？

答案并不明确。在17世纪，长子拥有继承权，即长子继承父亲的所有遗产，这是当时的规范准则。约1/4的中产阶级家庭里的小儿子没有结婚，因为他们负担不起家庭，也未能找到拥有丰厚嫁妆的新娘。儿童死亡率占活胎出生婴儿的30%～50%，结婚20年后，双方仍然健在的可能性极低。

这些统计数字表明，家庭关系更依赖于人的角色，而不依赖于基于鲜明个性的个人感情（在现代早期，人们不会因为我们现在所认为的浪漫关系而结婚）。但这不是说男性和女性之间没有稳固的终身友谊。哲学家如勒内·笛卡儿、约翰·洛克和戈特弗里德·威廉·莱布尼茨都长期和女性通信，但很难说他们是否知道我们现在所谓的"爱情"。

 生活在17世纪的人们对女性的普遍观点是什么？

在17世纪的欧洲，大家仍然认同亚里士多德提出的"女性是不完善的男性"这种旧的观念。区分两种截然不同的性别的现代生物科学在当时尚未出现。虽然18、19世纪以生物学为基础的性别区别认为，妇女的能力天生就是有限的并且是不如男子的，但是他们至少注意到了男性和女性的明显区别。

亚里士多德的观点被称为"单一性别理论"。许多严肃的、受人尊敬的人体理论学家坚持认为，女性的生殖系统不过是男性生殖系统的颠倒形式。像亚里士多德一样，他们认为，女性生来就体寒，湿气重，而且各方面都比男性弱。此外，妇女被认为是具有性欲望的、攻击性的性别，而男性在性的方面往往被认为是无助和脆弱的。

医学观点认为，血液、精液和脊髓液都是基本的重要物质或液体，尽管他们以不同的形式存在。性交不仅经常被视为一种损害身体的行为，男性射精也被认为是脑组织经过脊椎并通过阴茎排出的过程——这是男性哲学家保持单身的非常重要的原因。此外，妇女被认为是一些问题的源头，例如性病、无人收养的孩子及繁重的经济负担。人们对于女性的性力量的负面观点是如此巨大，以至于他们认为女性要对男性的阳痿负责。

 17世纪的女性会反对这种负面观点吗？

当时很难看到女性有许多反驳的机会。奥利弗·克伦威尔（Oliver Cromwell）在英国掌权前后，公众的娱乐消遣和行为往往被看作是"淫秽"的。1688年，国王威廉三世（William III）登上王位，清教主义主导了公共道德，尤其是在中产阶级中。对于一些妇女来说，这不是一个好消息。如成功的剧作家阿芙拉·贝恩（Alphra Behn）写道："我痛惜奇妙变化，这让我的存在有意义但却令人绝望。"

但即使在保守党复位期的"狂野时代"（那时性欲可以被自由讨论，性关系和欲望在有地位的社会中被认为是自然的、可以接受的），贝恩的那种毫不隐晦的诗歌和戏剧也没有超越女性是危险的性别这一传统观念。在她的诗《失望》中，她讲述了当莱赛德（Lysander）见到了极具魅力的克劳瑞斯（Cloris）时，他却阳痿了。克劳瑞斯跑开了，

> **早期的现代男性哲学家中有谁在他们的著作中考虑了女性的地位吗？**

有，勒内·笛卡尔特意用法语写下了《方法论》，部分原因是为了让通常不被教授拉丁语的女性能够看懂这本书。霍布斯认为，在自然界的原始状态下，女性与男性一样强壮和自由，并谈到她们的同意应该是人们结婚的必要条件。他还提到了女性力量。他把女性称为"领主母亲"（Lord Mothers），如果她们养育了孩子，而不是

把孩子抛弃让其听天由命，那么孩子就应该听从这些"领主母亲"。

约翰·洛克认为，国王神圣权利的教义建立在亚当的遗传基础之上，这完全忽略了母亲的存在。他将婚姻描述为一种为了生育和抚养孩子而建立的伙伴关系，并建议一旦孩子长大，丈夫和妻子如果愿意，就可以分道扬镳。在《教育漫话》一书中，洛克回应了他表兄关于如何培养年轻人的问题，他指出，女孩应该接受与男孩基本相同的教育。

因为"羞臊和耻辱"红着脸。贝恩写道："牧羊女的魅力／她柔软的妖媚的影响／诅咒他进入无能的地狱。"

 玛丽·阿斯特尔对早期现代哲学的贡献是什么？

玛丽·阿斯特尔（Mary Astell）借助笛卡儿的观点批评习俗，坚持认为传统本身并不足以证明已婚女性从属地位的合理性。她写道："世界习俗使女性普遍处于从属状态，这一点不可否认，但从事实上无法证明其正当性，就像邪恶占主导也不能说明邪恶正确一样。"敢于批评习俗来支持一个不受欢迎的说法，这确实是一种重要的思想创新。

阿斯特尔对作为女性天生就能运用理智这一点非常感兴趣。她认为妇女能在智力上和道德上找到自己的宗教救赎。她的观点针对的是当时盛行的不为女性提供与男子同等教育的做法。她在《关于女士的严肃提案》（*A Serious Proposal to the ladies*）中，提出了建立一个上层阶级的妇女学院，为她们的智力活动和宗教服务。她的理由是可以通过教育纠正妇女的错误。

 玛丽·阿斯特尔的生活是如何影响她的写作的？

阿斯特尔一生未婚，并在伦敦和有着相似背景的妇女社区成员共度了大部分成年时光。她因一句名言而闻名："整个世界就是一个女人的家。"但她从来没有公开谴责妇女在婚姻中的从属地位，因为她相信慈善服务和妇女在家庭生活中的无私角色。她对那个时期的婚姻本质的反对，主要在于男人为了物质利益或一时的性激情而选择妻子，她希望丈夫和妻子之间有一个友谊的纽带。

伊丽莎白·艾斯图博的与众不同之处是什么?

伊丽莎白·艾斯图博（Elizabeth Elstobc）是第一位编撰了盎格鲁-撒克逊语法的专业学者。她在《圣格里高利生日的英语布道》（An English-Saxon Homily on the Birthday of St. Gregory）的引言中，论证了对妇女进行教育是有益的，因为学术研究本身是有益的。

 《捍卫女性的散文》是什么样的作品?

在《捍卫女性的散文：男人的篡夺和习俗的暴政（此处特指英国）》〔An Essay in defense of the Female Sex: The "Usurpation of Man; and the Tyranny of Custom"（Here in England, Especially）〕中，直接攻击了婚姻制度。约翰·洛克的经验主义认识论被用来寻找两性之间不平等的社会原因。笔者没有说女性和男性一样优秀，而是声称女性实际上更优秀，这是因为她们智力上的优越性，这种优越性源于天性上的差异。作者宣称，男子通过剥夺妇女受教育的权利并通过家务劳动来限制她们，他们共同谋划使妇女保持从属地位。然而，文章的结论是，妇女所做的家务事比男性取得的任何成就都更重要!